中國美術分類全集

中國竹木牙角器全集

3 木雕器（下）

中國竹木牙角器全集編輯委員會 編

凡例

一　《中國竹木牙角器全集》共五卷，主要按材料質地和時代順序編排，其中竹刻器一卷，木雕器二卷，牙角器（含骨器）一卷，家具一卷，力求全面展示中國竹木牙角工藝及家具的發展面貌。

二　《中國竹木牙角器全集》編選以故宮博物院藏品為主，酌收各地有代表性的珍品；既要考慮器物本身的藝術價值，又要兼顧不同地區和流派。

三　本書為《中國竹木牙角器全集》第三卷，選錄明代至清代木雕器精品。

四　本書主要內容分兩部分：一為圖版，二為圖版説明。

目錄

圖版

一　紫檀雕雲龍紋長方盒　明

二　紫檀雕葵花式盒　明

三　紫檀雕雲紋委角方盒　明晚期

四　雞翅木雕竹鶴紋六瓣盒　清

五　雞翅木鏤雕蒲紋方盒　清

六　紫檀雕竹節式盒　清乾隆

七　紫檀雕松竹梅紋盒　清乾隆

八　紫檀雕書卷式盒　清中期

九　紫檀雕畫卷袱式盒　清

一〇　紫檀雕錦袱式盒　清中期

一一　紫檀雕瓶式盒　清中期

一二　紫檀雕五福捧壽紋攢盒　清中期

一四　紫檀雕雲龍紋長方盒　清中期

一三　紫檀鏤雕雲蝠紋四喜盒　清中期

一五　紫檀雕雲龍紋委角方盒　清中期

一六　紫檀雕勾蓮紋委角雙連盒　清

一七　紫檀雕海棠式盒　清

一八　紫檀雕八寶紋長方盒　清

一九　紫檀雕花卉紋圓盒　清

二〇　紫檀雕八寶紋圓盒　清

二一　紫檀雕梅花式盒　清

二二　紫檀雕梅竹紋方盒　清

二三　紫檀雕纏枝瓜果紋橢圓盒　清

二四　紫檀雕子孫萬代紋如意盒　清

二五　紫檀雕石榴式盒　清

二六　紫檀鏤雕瓜式盒　清

二七　紫檀雕荔枝式盒　清

二八　紫檀雕桃紋盒　清

二九　紅木雕瓜蝶紋盒　清

三〇　紅木雕菊花紋委角方盒　清

三一　黃楊木雕蟠螭盒　清早期

三二　黃楊木雕螭耳海棠式盒　清早期

三三　黃楊木雕葫蘆式盒　清

三四　黄楊木雕葫蘆式盒　清

三五　黄楊木雕瓜式盒　清

三六　黃楊木雕香果式盒　清

三七　黃楊木雕桃式盒　清

三八　黄楊木雕靈芝式盒　清

三九　黃楊木雕竹節式盒　清

 四〇　檀香木雕雙龍捧壽盒　清

四一　樺木雕蕉葉獸面紋圓盒　清

四二　沉香木雕山水杯　明

四三　沉香木雕松竹梅紋杯　明

四四　沉香木雕山水杯　明

四五　沉香木雕赤壁圖酒斗　明

四六　沉香木雕山水筆筒　明晚期

四七　沉香木雕山水筆筒　明

四八　沉香木雕山水筆筒　清

四九　沉香木雕山水筆筒　清

五〇　沉香木雕山水筆筒　清

五一　沉香木雕山水筆筒　清

五二　沉香木雕山水人物筆筒　清

五三　沉香木雕百鹿紋杯　清中期

五四　沉香木雕松竹紋杯　清

五五　沉香木雕山水杯　清

五六　沉香木雕山水斛杯　清

五七　紫檀鏤雕人物筆筒　明晚期

五八　紫檀董其昌題字大筆筒　明晚期

五九　紫檀雕梅竹紋筆筒　明晚期

六○　紫檀雕花卉紋筆筒　明

六一　紫檀雕花卉紋筆筒　明

六二　紫檀雕花卉紋筆筒　明

六三　紫檀雕樹樁式筆筒　明

六四　紫檀雕玉蘭花式筆筒　明

六五　紫檀雕山水筆筒　明

六六　紫檀雕九螭紋筆筒　清早期

六七　紫檀雕山水人物筆筒　清早期

六八　紫檀雕九虬紋筆筒　清早期

六九　紫檀嵌螺鈿八仙祝壽圖筆筒　清早期

七〇　紫檀鏤雕松下老人筆筒　清早期

七一　紫檀雕樹幹形筆筒　清早期

七二　紫檀刻山水筆筒　清

七三　紫檀雕松林論詩筆筒　清

七四　紫檀雕鶴鹿紋筆筒　清

七五　紫檀雕樓閣人物筆筒　清

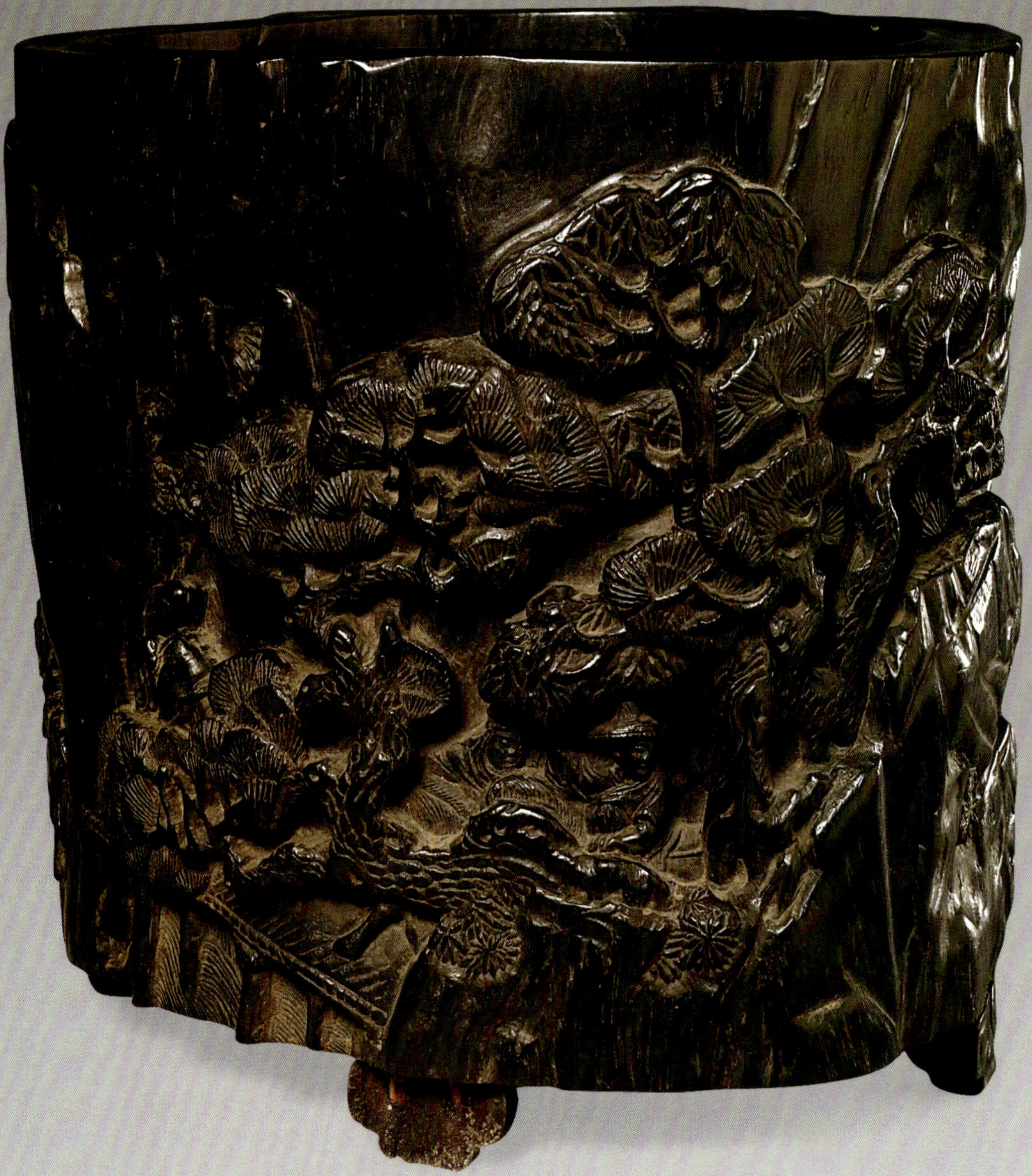

七六　紫檀雕山水人物筆筒　清

七七　紫檀雕八仙圖筆筒　清

七八　紫檀雕梅花紋筆筒　清

七九　紫檀雕山水筆筒　清

八〇　紫檀雕山水人物方筆筒　清

南京石更

戊申重新刻

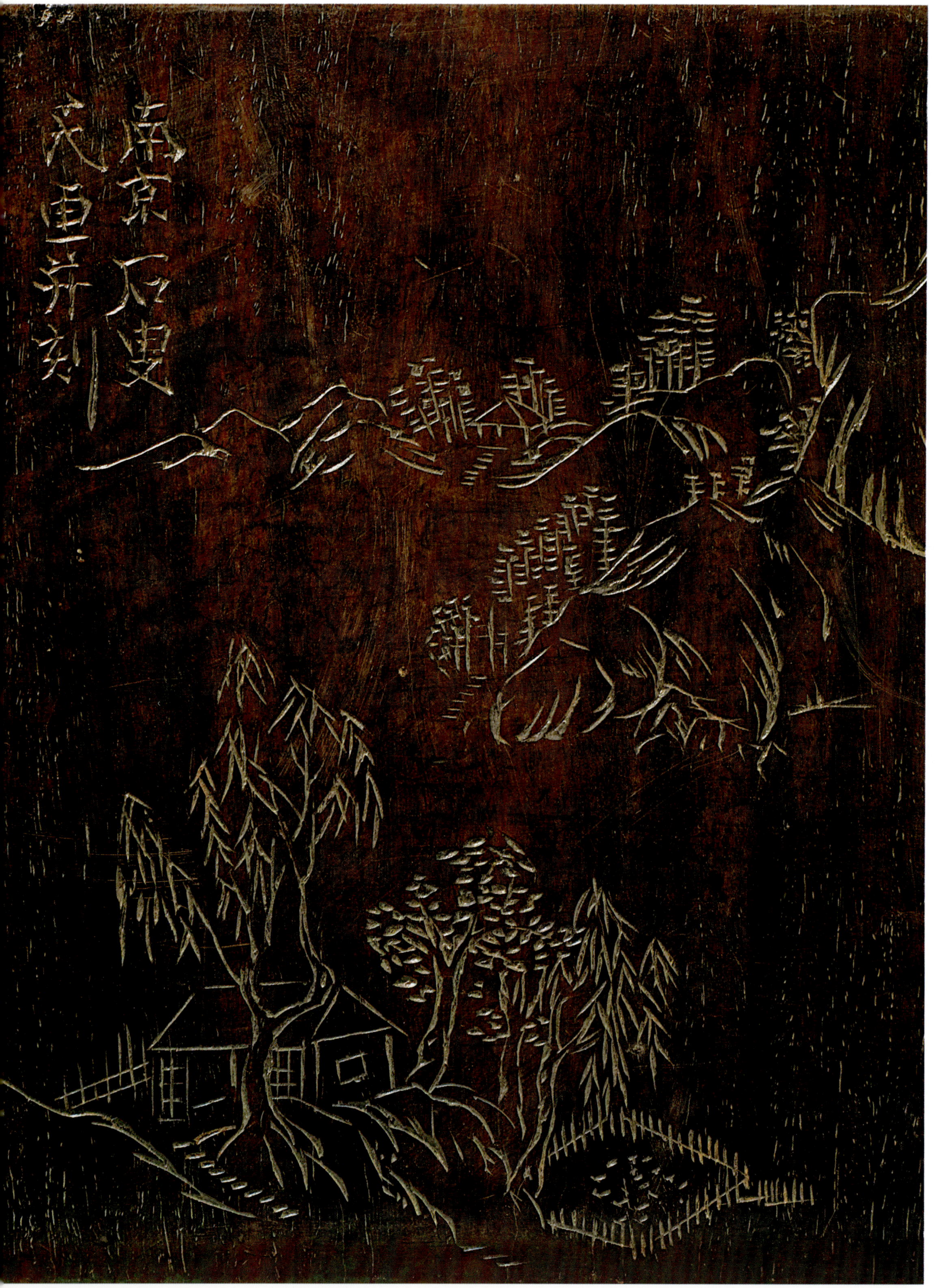

八一　紅木雕玉蘭花形螭紋筆筒　清

八二　黃楊木雕東山報捷筆筒　清早期

八三　黄楊木雕春眠圖筆筒　清

八四　黃楊木雕梅花紋筆筒　清

八五　黃楊木雕竹林七賢圖筆筒　清

八六　黃楊木雕知音圖筆筒　清

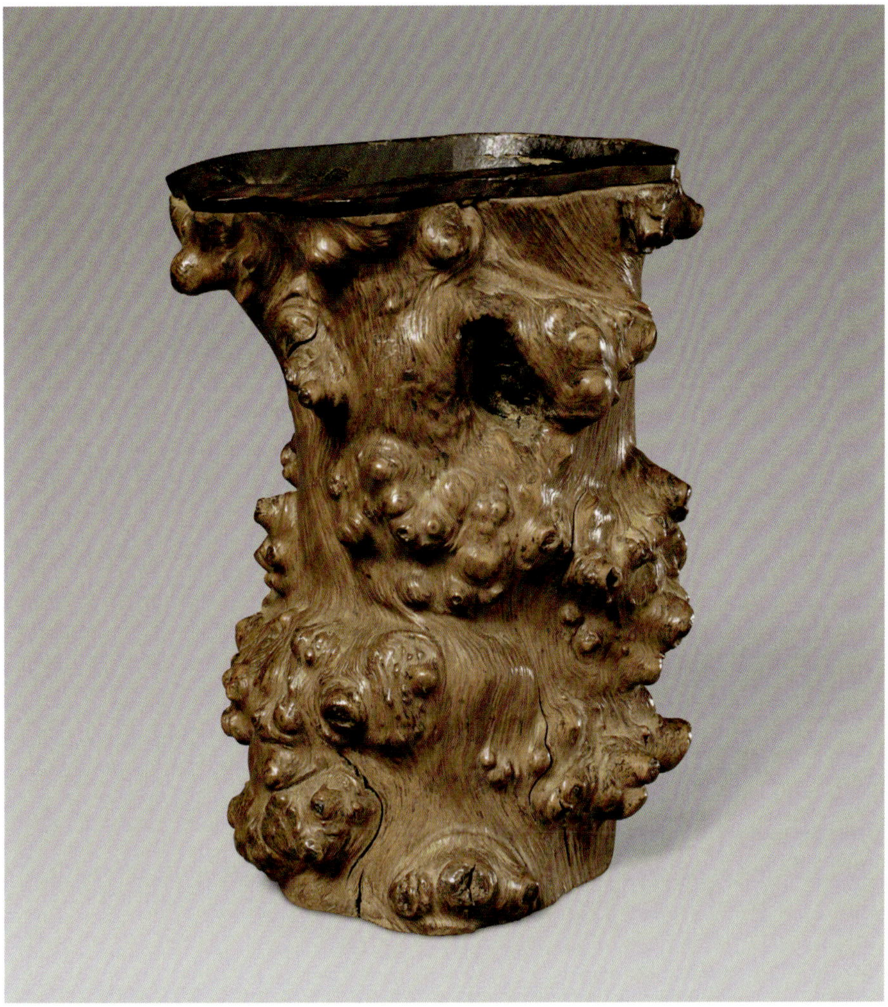

八七　天然木筆筒　清

八八　天然木筆筒　清

八九　檳榔木雕花筆筒　清

九〇　木雕金漆葵花式筆筒　清

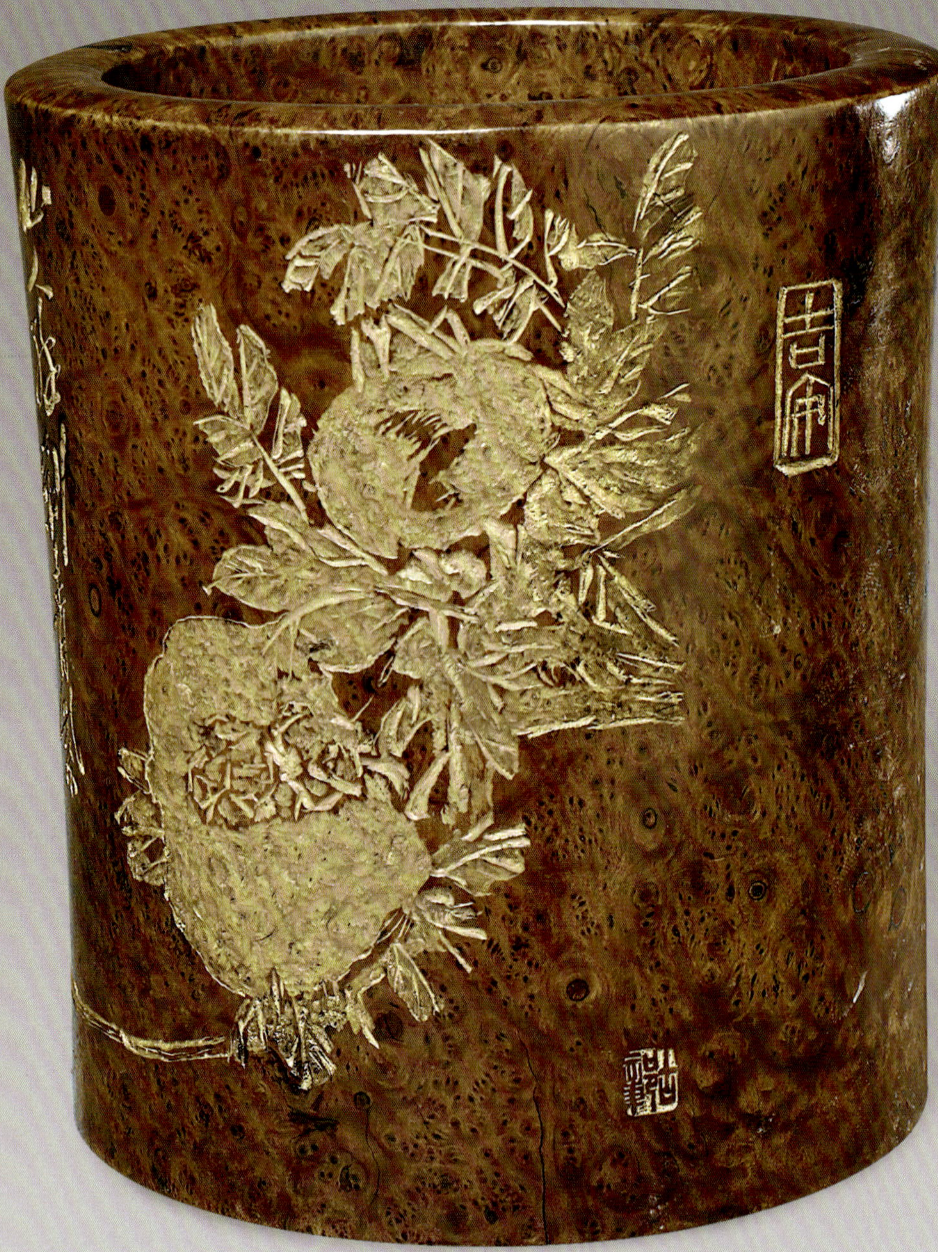

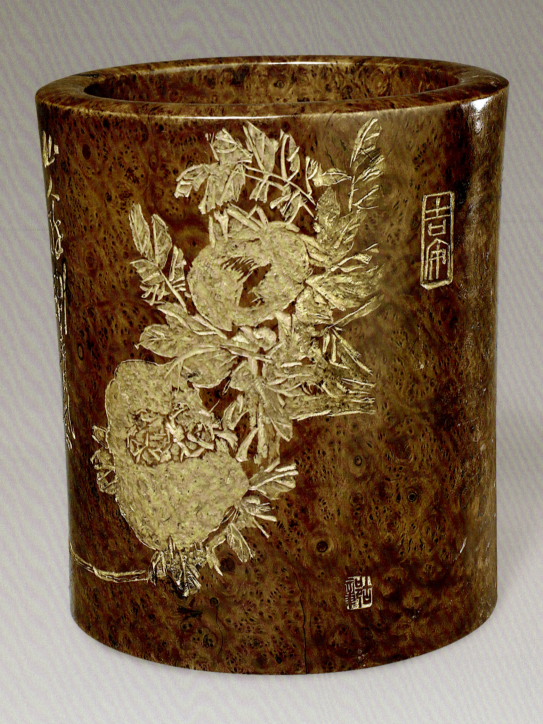

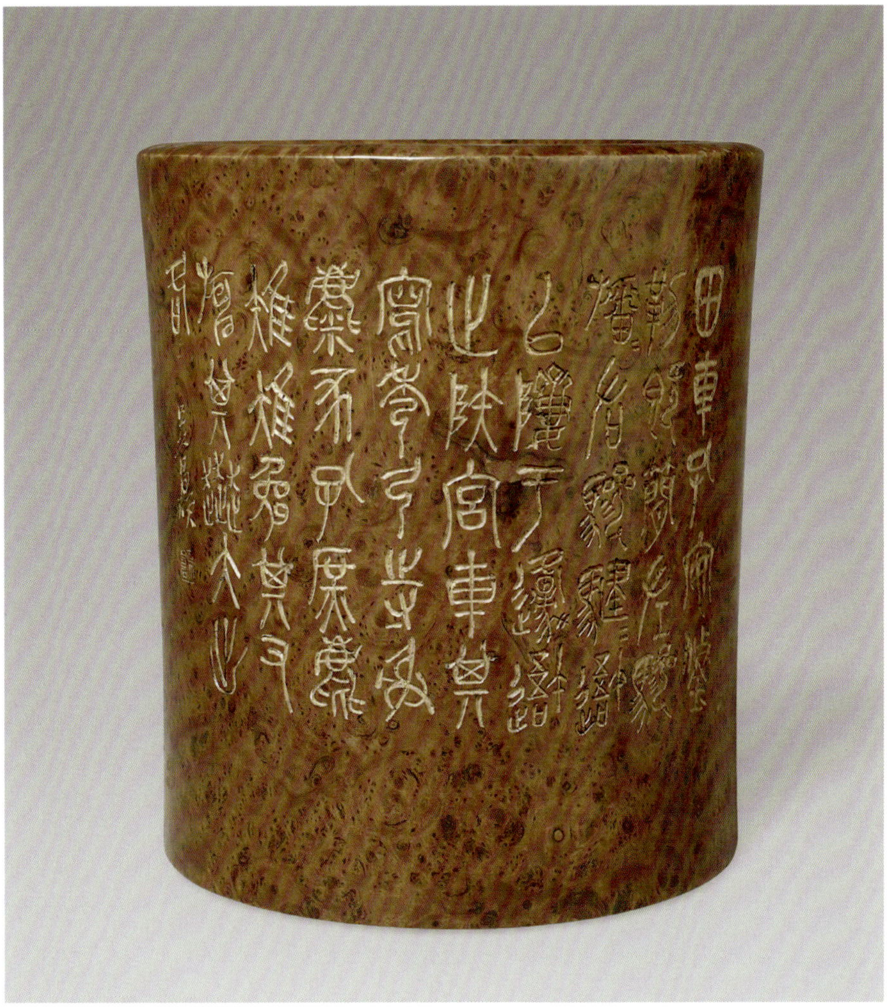

九一　樺木刻石榴圖筆筒　清晚期

九二　沉香木雕菊花臂擱　清早期

九三　紫檀雕雲蝠臂擱　清

九四　黃楊木雕竹節臂擱　清

九五　黃楊木雕梅花臂擱　清

九七　黃楊木刻詩桐葉秋蟬洗　清

九六　紫檀鏤雕雲蝠嵌玉式筆屏　清

九八　黃楊木桐葉式筆舔　清

九九　紫檀雕歲寒三友花插　清

一〇〇　黃楊木花插　清

一〇一　樺木雕花插　清

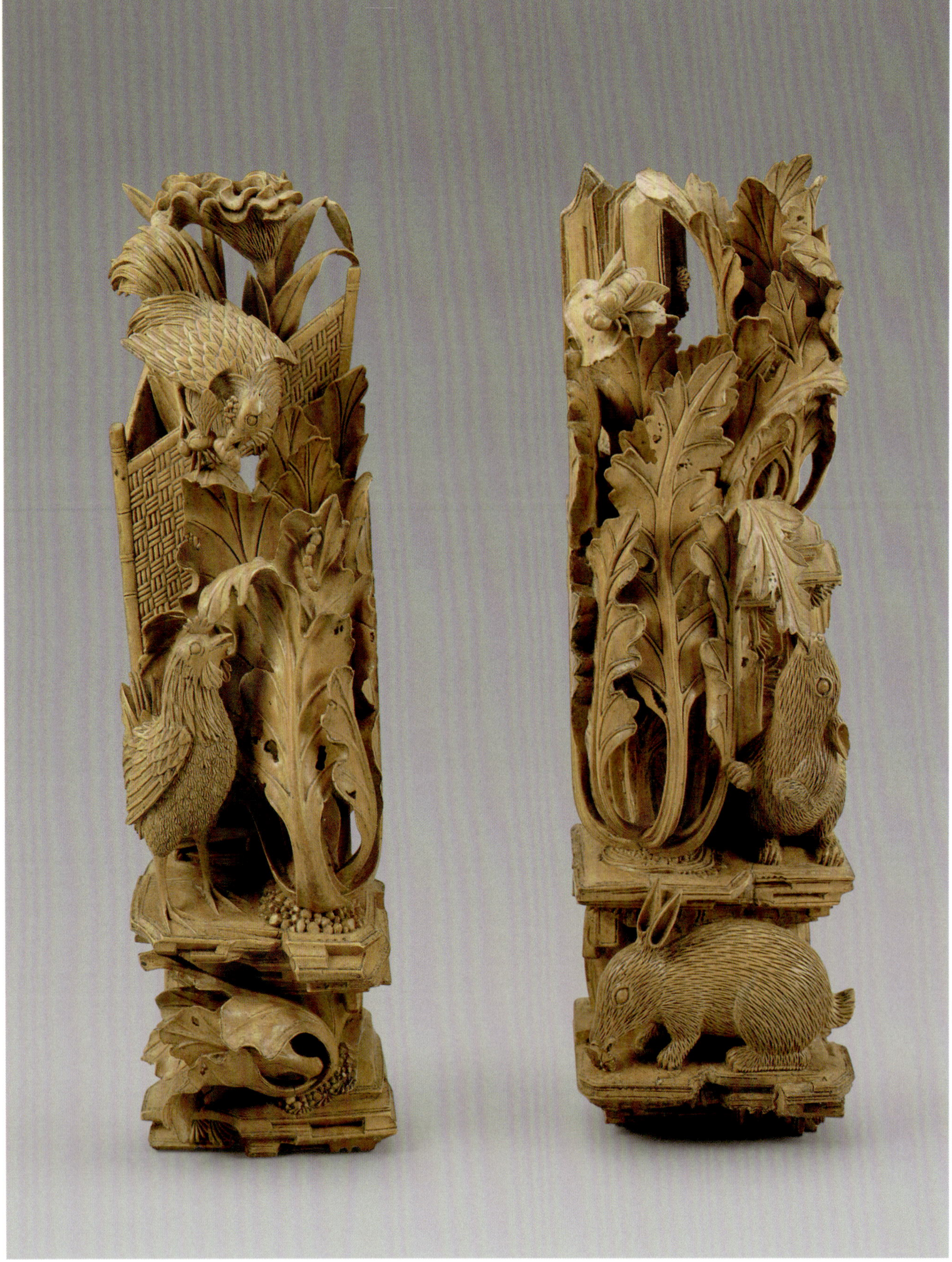

一〇二　黄楊木鏤雕鎮紙　清

一〇三　紫檀雕荷葉式座　清

一〇四　紫檀雕梅花紋杯　清

一〇五　紫檀雕花鳥紋杯　清

一〇六　紫檀雕花卉紋耳杯　清

一○七　紫檀雕花卉紋杯　清

一〇八　紫檀嵌玉雙桃式盒　清

一〇九　紫檀雕西番蓮紋嵌玉長方盒　清

一一〇　紫檀嵌玉香車　清

一一一　紫檀嵌玉璧冠架　清

一一二　紫檀嵌玉雲龍紋長方盒　清乾隆

一一四　紫檀嵌文竹鑲玉瓜蝶紋文具櫃　清

一一三　紫檀嵌玉書式盒　清中期

一一五　紫檀嵌文竹鑲玉瓜蝶紋文具櫃　清

一一六　紫檀嵌玉海棠式盒　清中期

一一七　紫檀嵌玉雕花磬式盒　清中期

一一八　紅木刻花嵌玉四瓣式盒　清

一一九　紫檀雕勾蓮紋嵌玉圓盒　清

一二〇　紫檀嵌玉雕荷蓮紋長方匣　清

一二一　紫檀嵌玉十二辰葵式盒　清

一二二　紫檀嵌銀鑲玉圭形盒　清

一二三　紫檀嵌玉染牙鼓式盒　清中期

一二四　紫檀嵌玉勾蓮紋香盒　清

一二五　紫檀鑲嵌四駿圖長方盒　清中期

一二六　紫檀柄嵌玉三鑲如意　清乾隆

一二七　紫檀柄嵌碧玉三鑲如意　清

一二八　紫檀百寶嵌雲龍紋方盒　明

一二九　紫檀百寶嵌雲螭紋長方盒　明

一三〇　花梨木百寶嵌花鳥紋長方屜匣　明

一三一　紫檀百寶嵌花鳥紋長方盒　明

一三二　紫檀嵌銀絲螺鈿提梁盒　明

一三三　紫檀百寶嵌人物圖長方盒　明

一三四　紫檀百寶嵌牧羊圖長方盒　明

一三五　紫檀百寶嵌花鳥紋方盒　清早期

一三六　紫檀百寶嵌三羊圖長方盒　清早期

一三七　紫檀百寶嵌三羊圖長方盒　清早期

一三八　紫檀百寶嵌花鳥紋長方盒　清早期

一三九　紫檀百寶嵌花鳥紋長方盒　清早期

一四〇　紫檀百寶嵌綬帶鳥海棠花紋長方盒　清早期

一四一　紫檀嵌螺鈿夔龍紋長方盒　清早期

一四二　紫檀百寶嵌雙螭捧壽紋長方盒　清早期

一四三　紫檀百寶嵌進寶圖長方盒　清早期

一四四　紫檀百寶嵌三獅進寶圖長方盒　清早期

一四五　紫檀百寶嵌狩獵圖長方盒　清早期

一四六　紫檀百寶嵌狩獵圖長方盒　清早期

一四七　紫檀百寶嵌進寶圖圓盒　清中期

一四八　紫檀百寶嵌三星圖海棠式盒　清中期

一四九　紫檀百寶嵌三星圖海棠式盒　清

一五〇　紫檀百寶嵌八仙圖海棠式盒　清

一五一　紫檀百寶嵌三星圖方盒　清中期

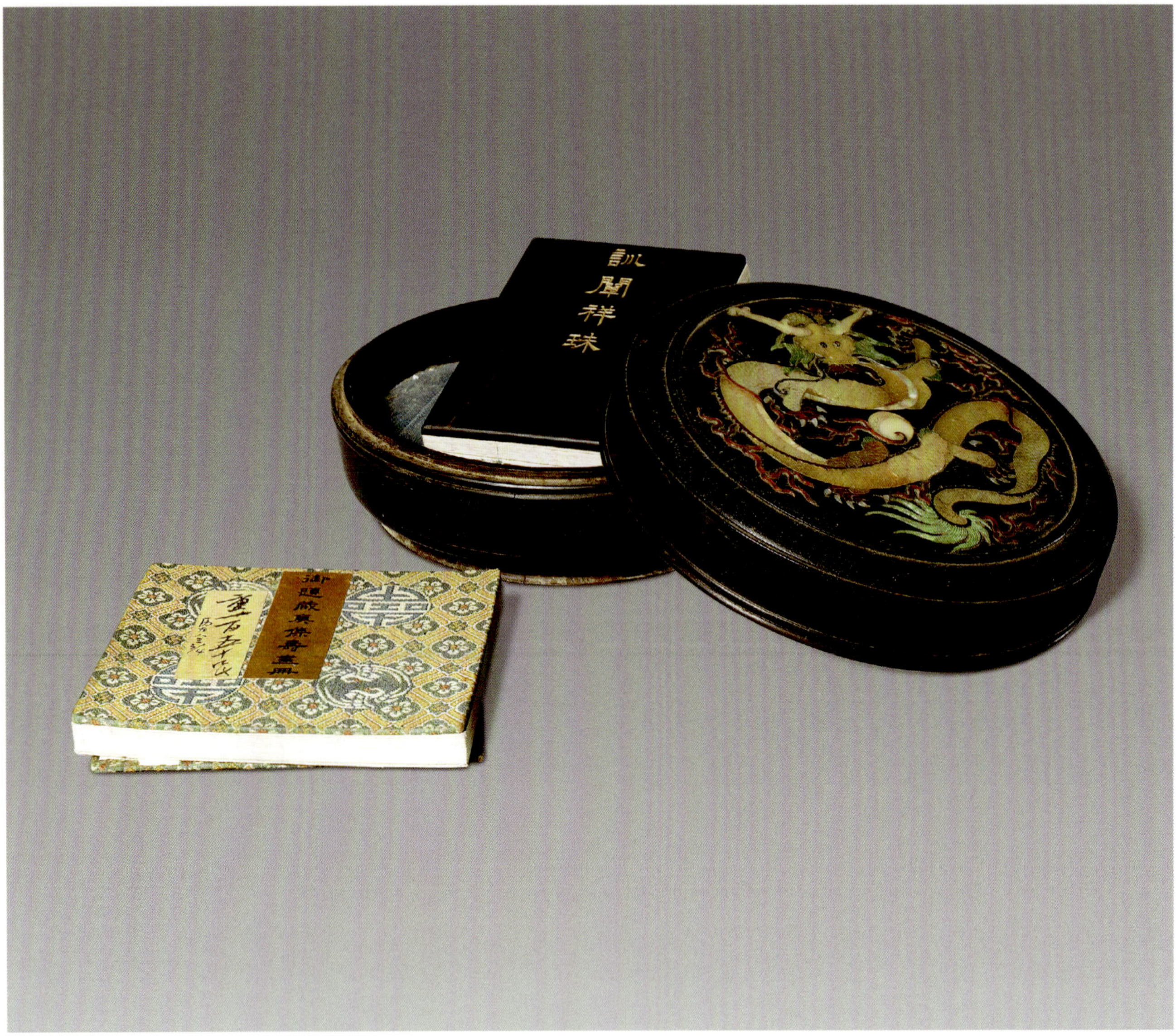

一五二　紫檀百寶嵌雲龍紋圓盒　清中期

一五三　紫檀百寶嵌三螭紋圓盒　清中期

一五四　紫檀百寶嵌束蓮紋圓盒　清中期

一五五　紫檀百寶嵌天竺水仙紋方盒　清中期

一五六　紫檀百寶嵌天竺水仙紋方盒　清中期

一五七　紫檀百寶嵌貓蝶紋長方盒　清中期

一五八　紫檀百寶嵌雙鶴紋長方盒　清中期

一五九　紫檀百寶嵌桃菊紋委角方盒　清中期

一六〇　紫檀百寶嵌福壽紋長方盒　清中期

一六一　紫檀嵌玉螺鈿圓盒　清中期

一六二　紫檀百寶嵌如意紋長方盒　清中期

一六三　紫檀百寶嵌委角方盒　清中期

一六四　紫檀百寶嵌石榴式盒　清中期

一六五　紫檀百寶嵌福壽桃式盒　清中期

一六六　紫檀百寶嵌鳳鳥紋葵花式盒　清中期

一六七　紫檀百寶嵌松蝠紋桃式盒　清中期

一六八　紫檀百寶嵌玉雕嬰戲圖葵花式盒　清中期

一六九　紫檀百寶嵌靈芝紋葵花式盒　清中期

一七〇　紫檀百寶嵌太獅少獅紋葵花式盒　清中期

一七一　紫檀百寶嵌百獸圖長方盒　清中期

一七二　紫檀鑲嵌文具匣　清中期

一七三　紫檀百寶嵌三多紋書式匣　清中期

一七四　紅木百寶嵌竹石葫蘆紋長方盒　清

一七五　紫檀百寶嵌竹林飼雞圖長方盒　清晚期

一七六　檀香木嵌螺鈿海屋添籌圖圓盒　清中期

添
屋
海

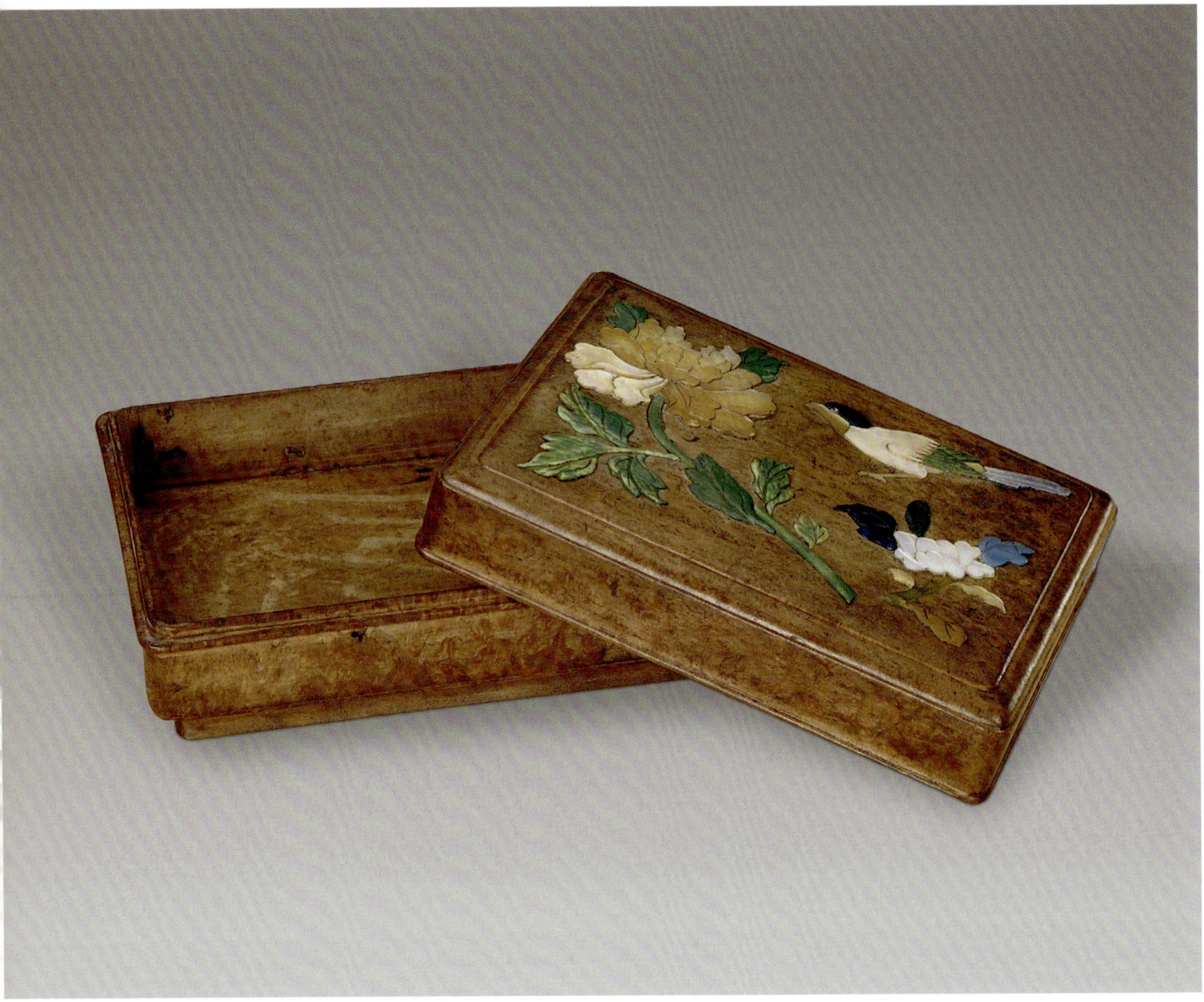

一七七　樺木百寶嵌花鳥長方盒　明

一七八　樺木百寶嵌花鳥紋盒　清早期

一七九　烏木嵌螺鈿雙螭紋小盒　清

一八〇　紫檀百寶嵌梅花紋筆筒　明

一八一　紅木百寶嵌雙雞圖筆筒　清早期

一八二　紫檀百寶嵌人物圖筆筒　清早期

一八三　紫檀百寶嵌「天府雅製」方筆筒　清早期

一八四　紫檀百寶嵌花鳥紋筆筒　清中期

一八五　紫檀百寶嵌花卉紋筆筒　清乾隆

一八六　紫檀百寶嵌花卉紋筆筒　清

一八七　紫檀嵌螺鈿梅竹紋筆筒　清

一八八　紫檀嵌染牙玉石三友紋筆筒　清

(之一)

一八九　紫檀百寶嵌花鳥紋六方筆筒　清

（之二）

一九〇　紫檀嵌玉鑲銀絲四方折角筆筒　清

一九一　紅木嵌玉方筆筒　清

乾

一九二　紫檀嵌料花方筆筒　清

一九三　紫檀嵌玉鑲銀絲八角筆筒　清

一九四　黄楊木百寶嵌花卉紋筆筒　清

一九五　紫檀嵌竹雕博古山水雙連盒　清中期

一九七　紫檀嵌瓷山水盒　清

一九六　紫檀雕勾雲紋嵌瓷方勝式攢盒　清

一九八　紫檀嵌琺瑯雙連盒　清

一九九　紫檀雕寶相花紋嵌玉冠架　清

二〇〇　紫檀嵌文竹勾蓮紋冠架　清

二〇一　紫檀嵌黄楊木冠架　清

二〇二　雞翅木嵌紫檀蘭花紋提梁文具匣　清

二〇三　紫檀嵌銀夔紋長方匣　清

二〇四　紫檀嵌銀葵花式盒　清

二〇五　紫檀嵌珐瑯鑲玉十二辰菱花式盒　清

二〇六　紫檀嵌琺瑯雲頭紋墨床　清早期

二〇七　紫檀嵌玉鎮紙　清乾隆

二〇八　紫檀嵌銀絲橢圓獸面紋圓盤　清乾隆

二〇九　紫檀點翠座屏　清

二一〇　紫檀嵌銀絲葵瓣把鏡　清中期

圖版説明

一　紫檀雕雲龍紋長方盒　明

高九·六、長二六·四、寬一六·五釐米

故宮博物院藏

紫檀木製，為盛裝書冊的拜盒。盒從中分啟，盒內有屜。盒的口沿處刻回紋，盒面及四壁刻菊紋錦地，錦地上雕雲龍紋。蓋面上雙龍穿行於流雲之中。身側兩條螭龍和夔龍口銜靈芝，追戲騰躍。四壁共雕九條螭龍和夔龍。屜壁有流雲一周，屜底刻有聳立的壽石，靈芝、水仙、梅花、翠竹依石相伴，寓「芝仙祝壽」之意。

此盒造型端莊，色如蒸栗，淺浮雕和陰刻的紋飾刻工淺顯，細膩流暢，佈局均勻，刀法嫻熟，是宮廷高手製作的拜盒。

二　紫檀雕葵花式盒　明

高八、口徑一七·五、底徑一四·二五釐米

故宮博物院藏

圓體，蓋、盒子母口相合，蓋頂凸出為花心，向外雕作層層輻射花瓣疊覆狀，共五層，每層十六瓣，盒身亦呈相應分瓣式，並延至圈足。其式樣似受到乾隆時期玉雕工藝中所謂痕都斯坦式菊瓣盒的影響，又根據材質做了更改設計。其通體打磨細膩圓潤，工藝精湛。內附檀香木鏤花屜板，上置「丹毫垂露」冊頁，內容為曹文埴書乾隆御製詩。

（劉岳）

三　紫檀雕雲紋委角方盒　明晚期

高四·七、盒徑一五·四釐米

故宮博物院藏

紫檀木製，盒體偏扁，委角，有如四出花瓣，盒上下外壁雕刻猶如雕漆中的剔犀工藝，滿雕十字形雲紋。

此盒的剔地浮雕技法，紋飾別致，刀法流暢，且磨工極佳，在紫檀雕刻中別具一格。

四　雞翅木雕竹鶴紋六瓣盒　清

高七·五、徑一九·七釐米

故宮博物院藏

盒作六瓣式，盒蓋上部起兩層小臺，蓋面作淺浮雕竹鶴圖，雕工纖細。除蓋面外，其餘皆打磨光素。盒內套緞錦匣，可能作盛裝顏料或香料用。

（張林傑）

五　雞翅木鏤雕蒲紋方盒　清

高九·四、邊長一三·五釐米

故宮博物院藏

雞翅木雕成，抹角方形。口邊銜接緊密。盒的四邊及盒面均鏤雕蒲紋，交疊細微起伏如同編織一般。

盒的製作分內外兩層。雞翅木紋理有如鳥的羽毛，其木質細膩堅密，《格古要論》稱其產於「西番」，其實廣西、海南也有出產，但數量稀少，十分珍貴。

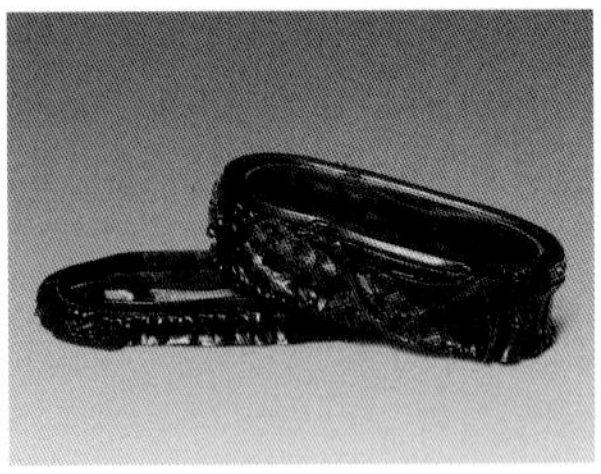

六　紫檀雕竹節式盒　清乾隆

高四·四、最大口徑一二·六、最大底徑六·四釐米

故宮博物院藏

盒略呈橢圓，蓋盒子母口相合，整體雕作近根部之老竹節狀，節、膈等部位十分形象，口緣處根鬚差互，扣緊後銜接自然，天衣無縫。外壁浮雕竹枝、松幹，為固定之紋飾組合，有比較明確的吉祥寓意。內底貼黃條，墨書：「乾隆四十六年十一月十五日收造辦處呈覽雕紫檀盒一件」字樣。

（劉岳）

七　紫檀雕松竹梅紋盒　清乾隆

高五・三、长一九・五、寬一四・八釐米

故宮博物院藏

盒扁體，方形，蓋盒子母口相合，外底內凹，邊緣一周突起隨形扁足。蓋及盒側雕作老幹凹凸起伏裂罅累累狀，其上高浮雕松枝、松果、竹葉、靈芝，局部應用鏤雕工藝，紋飾滿密，主題突出，工藝繁複，為乾隆時期宮廷盒具中的優秀作品。內儲「義闡天心」冊頁，內容為董誥書《御製讀〈易・繫辭上傳〉第五章書義》，冊頁內部挖出隨形臥囊，原應置有玉飾件，十分精巧。

（劉岳）

八　紫檀雕書卷式盒　清中期

高九・五、長二五・八、寬一三・八釐米

故宮博物院藏

作大小書冊畫卷相疊狀，實可拆分為大小不等的盒具。下部大書式盒天覆地式，陰刻龜背卍字錦紋，其蓋頂與二小書式盒及畫卷式盒連為一體。畫卷式盒於地紋外淺浮雕錦袱纏裹，鑲嵌象牙片為書簽、書口及畫別子等部分，十分生動。盒內均設臥囊，應為置玉飾之用。大盒內還有一冊頁，外陰刻隸書填金「崇實觀」，內容為金簡書御製詩《月露風雲四詠》。畫卷式盒內亦留有小卷軸，畫簽題「清景元音」，內容同為金簡書御製詩。這類書式盒設計精巧，肖形準確，富於清代宮廷特色。

（劉岳）

九　紫檀雕畫卷袱式盒　清

高一一·八、長二五·二、寬一五·七釐米

故宮博物院藏

紫檀木製，是陳放畫卷、書冊的陳設匣。此盒設計別致，盒體分兩層，有圓有方。下層嵌牙壁的長方書式盒內，分別盛有徐楊的花卉小冊和袁瑛的仿古山水冊。上層裝飾有畫卷疊盒，通體陰刻菊紋錦地和雙蝠雙錢紋錦地，作包袱相繫狀。三個畫卷式盒中分別盛有方琮、姚文瀚、陳孝涿的畫及書法小卷軸。整個盒體光潤細膩、精靈細巧，使人有美倫美奐、百看不厭之感。

一〇　紫檀雕錦袱式盒　清中期

高一〇·三、口長一二·五、寬八·五、底長一三·二、寬九·三釐米

故宮博物院藏

長方形，罩蓋與底匣天覆地式相合，底邊作二層臺狀，下承四矮足。蓋頂微膨，邊角過渡圓潤，磨工特佳。蓋面正中浮雕包袱皮接扣狀，其褶皺疊壓之形延伸至蓋壁，更以薑黃色字紋黃綾貼飾，顯得惟妙惟肖，十分逼真。而若非日久磨損，其粘貼痕跡實不易發現。盒內壁及內底則粘貼明黃勾蓮紋錦為襯。此盒之裝飾意匠似來自漆器中之包袱盒，但較純用一種材質來表現更為工巧而出人意表。

（劉岳）

一一　紫檀雕瓶式盒　清中期

高二六·三、最大口徑一〇·八、最大底徑一二·六釐米

故宮博物院藏

仿古瓶式，通體四出分瓣，如四瓶相合狀。方唇，直頸，鼓腹，如意耳，高足外撇。在肩、身、腹三處可分開為上下四部分，合之為一瓶形，拆分則為一個高足盤、兩個花形盤，肩以上為一小筒，內置銅膽，頂部鏤花鍍金，有二孔，插如意一柄及銅戟玉磬，有吉慶如意的吉祥含義。外壁除圈足外，通體陰刻紋飾，以龜背錦紋為地，口沿及每一道拆分處均飾回紋帶，頸部加飾一層變體蟬紋，肩及近足處加飾仰覆如意雲頭各一周，以為呼應。此器雕工精美，紋飾細謹，設計新巧，為清代宮廷風格木雕中比較出色的作品。（劉岳）

一二　紫檀雕五福捧壽紋攢盒　清中期

高八、口徑一八·五、底徑一三·二釐米

故宮博物院藏

略呈扁圓，輪廓隨紋飾邊緣的變化而呈現連弧狀，器型精巧。上下邊沿及口沿凸起陽文成弦紋裝飾。蓋面中央為團壽紋，外為五蝠，以陽文線條勾勒，勻美流暢。盒內設置團壽圓盒及五蝠盒，與蓋面紋飾位置及形態相應，成攢盒式樣。設計頗具匠心，製作精益求精。（劉岳）

一三　紫檀鏤雕雲蝠紋四喜盒　清中期

高一五、邊長二五釐米

故宮博物院藏

紫檀木刻，分座、盒兩部分。盒蓋四角均作如意雲頭狀，滿雕雲紋，襯托八隻飛舞的蝙蝠，正中嵌意枚玉片。外壁鏤空委角開光，內雕雲紋。盒底下沿微外翻，雕有仰蓮紋。盒下部雕三彎腿及花牙、承泥等部件。

此盒做工精湛，寓意吉祥，是清代造辦處代表作品。

一四　紫檀雕雲龍紋長方盒　清中期

高九、長一九·四、寬一六釐米

故宮博物院藏

長方形，天覆地式，蓋頂微弧，邊角圓轉，底座束腰三彎腿式，器型規整厚重。四壁浮雕雲紋，高低起伏，凹凸精微，名雖單一實則多變，看似繁複乃蘊規律。蓋頂雲紋間雕刻二降龍，以爪托長方隙地，上陰刻填金隸書「祐順歸誠（上函）」字樣。此盒質美工精，裝飾風格具有典型的宮廷風格，是清中期冊頁盒中的佳品。

（劉岳）

一五　紫檀雕雲龍紋委角方盒　清中期

高七·六、邊長二〇·五釐米

故宮博物院藏

扁體，略呈方形委角式樣，輪廓優美。蓋盒子母口相合，四雲形足。通體浮雕雲龍紋，滿密而不留隙地，具有典型的宮廷風格。

（劉岳）

一六　紫檀雕勾蓮紋委角雙連盒　清

長二六·五、寬一三·一、高七釐米

故宮博物院藏

盒作委角方盒雙連式，子母口，下承六足。蓋面淺雕勾蓮紋，其餘皆為光素，盒底內襯黃錦緞，應是放置玉器雅玩之類的工藝品。

（張林傑）

一七　紫檀雕海棠式盒　清

口徑二〇・六、底徑一六、高七・八釐米

故宮博物院藏

盒為紫檀製，由數塊紫檀拼粘而成。子母口，蓋面做淺浮雕折枝花卉裝飾，其餘均做光素，下承垂雲足。對比類似木盒可知，其盒內應襯以包槽，可盛冊頁等物。

（張林傑）

一八　紫檀雕八寶紋長方盒　清

長一三、寬一二・四、高一二・八釐米

故宮博物院藏

此盒為盛放書函之用。盒體浮雕八寶花卉，雕工精美，不求磨工，刀鋒外露，是典型的廣東木雕風格，可能是造辦處廣木作的廣東工匠所為。

（張林傑）

一九　紫檀雕花卉紋圓盒　清

口徑一八・三、高八釐米

故宮博物院藏

盒紫檀製，蓋面浮雕花卉，蓋體和盒體均雕刻勾雲紋，其間又以蓮瓣紋和回紋做隔離區分，雕飾精美華貴，體現了清代中期皇家的藝術風格。（張林傑）

二〇　紫檀雕八寶紋圓盒　清

口徑九・一、底徑九・九、高五・一釐米

故宮博物院藏

盒紫檀製，有屜，通體雕花，蓋面葫蘆寶盆，周邊祥雲八寶。盒內刻花填金，置御筆節臨蘭亭一小冊，屜中嵌銀絲花紋，有臥槽，原置白玉小人。

（張林傑）

二一　紫檀雕梅花式盒　清

高八・五、徑二七・五釐米

故宮博物院藏

盒體沉實厚重，作五瓣梅花式，底承五矮足。蓋作天覆地式，蓋面五瓣自成裝飾區間，飾去地浮雕如意雲頭紋，花心處凸起成圓臺狀，中飾變體團花一。蓋側陽刻幾何紋裝飾帶。盒身較矮，束腰一周，飾纏枝花紋，近足處外膨，飾覆蓮紋。盒內留有凹槽，原應為收儲杯盤之類的包裝盒。其裝飾雖不複雜，但工藝細節一絲不苟，轉角處均有陽文起線，線腳圓潤，過渡自然，頗能顯示宮廷造作的精美。

（劉岳）

二二　紫檀雕梅竹紋方盒　清

邊長二五・五、高八・二釐米

故宮博物院藏

盒為紫檀製，幾近光素，只是在蓋面上作淺浮雕梅、竹及亂石等，雕工精細，佈局疏朗，意境高潔，散發出濃厚的文人氣息。應為盛冊頁用。

（張林傑）

二三　紫檀雕纏枝瓜果紋橢圓盒　清

高九・七、最大徑二二・六釐米

故宮博物院藏

盒扁體，略呈橢圓，下承三矮足。蓋、盒子母口相合，外壁通體淺浮雕瓜瓞連綿紋飾。口邊上下之紋飾分之則各半，扣緊則若合符節，十分精巧。三足作葉形，恰與主題吻合，頗具匠心。蓋面於瓜葉紋上又各浮雕兩條鯰魚繫於卐字之下，與中嵌之玉製隸書「萬年餘慶」諧音。其紋飾為吉祥寓意之累加，富於時代特色。內置錦屜，有劉權之書《御製皇清文穎續編序》冊頁，題簽陰刻填金「鼓吹休明」四字。

（劉岳）

二四　紫檀雕子孫萬代紋如意盒　清

高九·五、長四五·五、底寬一五、上寬一二·五釐米

故宮博物院藏

長形，首、中、尾三部分較膨大，天覆地式，內留有臥槽，貼飾冰梅紋紙，為盛裝如意的包裝盒，故整體近於清中期以後流行的三鑲如意的典型形制。外壁滿雕瓜葉藤蔓纏連，有「瓜瓞連綿」的吉祥寓意。其紋飾繁縟，層次豐富，琢磨圓潤，工藝水準不凡，在清代宮廷木製盒具中屬傳世較少者。

（劉岳）

二五　紫檀雕石榴式盒　清

高四、口徑六釐米

故宮博物院藏

雕作大小石榴相連狀，大者即為盒之主體，內置一橢圓小碟。外壁一側刻出榴實累累，高浮雕枝葉於口邊上下連結自然，天衣無縫。配鏤雕花葉座。

（劉岳）

二六　紫檀鏤雕瓜式盒　清

高四·五、口徑七·四釐米

故宮博物院藏

雕作瓜形，蓋、盒沿縱向瓜棱對開而成，子母口相合。外壁浮雕並鏤雕藤蔓、枝葉及較小瓜實，並蝴蝶一隻。其雕工精湛，造型準確，物象生動，寓意吉祥，尤其是口邊上下的枝葉泯然無切分痕跡，顯示出一種典型的處理方式。這類仿生小盒為清代宮廷文房器具中比較富於特點的品種。

（劉岳）

二七　紫檀雕荔枝式盒　清

長一一·三、寬七·三、高四·七釐米

故宮博物院藏

此器作雙荔枝相連，中剖為盒，子母口。荔枝表面佈滿小顆粒，雕工精細，荔枝枝幹攀附其上，自然逼真。此盒內部較小，可盛小件雅玩。

（張林傑）

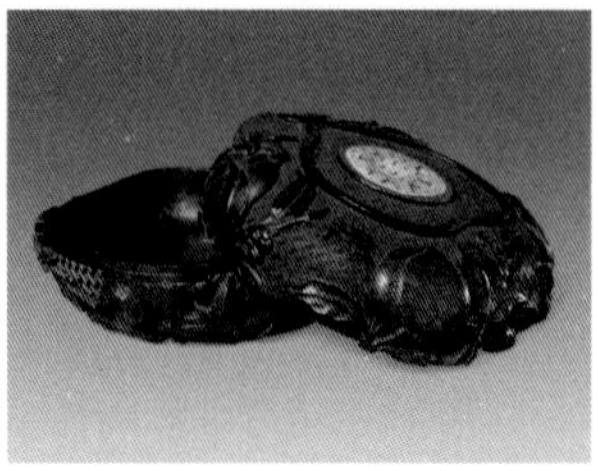

二八　紫檀雕桃紋盒　清

口徑二一、高一〇釐米

故宮博物院藏

盒作大桃形，盒身以錦紋為地，蓋面做出一桃形輪廓，內嵌螺鈿雕壽字，盒體周身雕桃枝纏繞，桃枝枝葉繁茂，並結大小桃實數枚，桃實表面又以銀絲鑲嵌裝飾。

此器造型別致，工藝精緻，即實用，又美觀，可作為祝壽的禮品。

（張林傑）

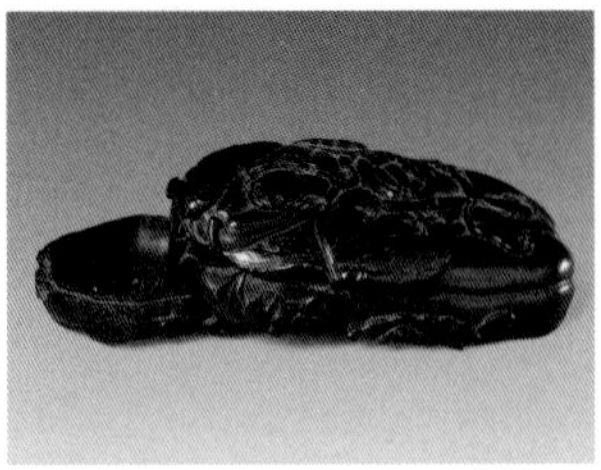

二九　紅木雕瓜蝶紋盒　清

高五·八、最大口徑一五·三釐米

故宮博物院藏

通體雕作扁圓瓜形，蓋盒子母口相合，浮雕瓜、葉、藤蔓及蝴蝶，線條勻稱，轉折圓潤，工藝精細，而其整體造型、裝飾活潑生動而又不失實用價值。

（劉岳）

三〇　紅木雕菊花紋委角方盒　清

高四、長一二、寬五・五釐米

故宮博物院藏

長方委角形，帶狀足。蓋面中央減地浮雕團花一朵，並以之為交叉點雕刻十字形帶紋，均為打漥雙槽合成。而盒體每面接線處及口沿亦用同樣帶紋裝飾，也使大面積龜背菊花錦地紋不致單調。

（劉岳）

三一　黃楊木雕蟠螭盒　清早期

高七・八、長一四・三、寬九・五釐米

故宮博物院藏

鵝黃色，用圓雕技法刻製成，橢圓形，造型酷似明代銅爐。蓋頂雕一浮螭，用以代鈕。螭張口怒目，兇猛異常，貌甚怪異，頗具漢代造型藝術之遺風。盒側刻兩螭，用以代耳，一昇一降，一大一小，打破中國古代傳統的對稱式構圖方式，雕刻十分細膩圓潤。此盒是清代黃楊木雕刻藝術中的高雅之作。

三二　黃楊木雕螭耳海棠式盒　清早期

高九・八、最大口徑一二釐米

故宮博物院藏

色澤淡雅，質地細密，造型近似明代銅爐。一螭伏在蓋頂，用以代鈕。盒左右各刻一螭，用以代耳，兩螭一昇一降，打破傳統對稱式構圖方式。此盒雕刻細膩圓潤，是清代黃楊木雕刻藝術中的精品。

三三　黃楊木雕葫蘆式盒　清

高八、最長二二、最寬一二釐米

故宮博物院藏

盒雕作扁體葫蘆式，從中間分剖為二，蓋盒子母口相合。器表以高浮雕及鏤雕技法刻劃藤、葉、小葫蘆等為裝飾。

葫蘆自古有多子多福的寓意，所以在明清工藝題材中非常多見。此盒盒身藤蘿的牽纏、葉片的翻卷及葫蘆的位置等，都經過悉心考慮，高低錯落，層次清晰，不僅寓意吉祥，而且形態自然，富於裝飾意味，既可儲冊頁，又可為陳設，是清代文玩中的優秀作品。

（劉岳）

三四　黃楊木雕葫蘆式盒　清

高七·六、最大口徑七·八釐米

故宮博物院藏

細柄葫蘆形，橫臥式，對剖成蓋盒二部，以子母口相合。器體不大，卻飽滿渾圓。下半鏤雕藤蔓枝葉纏連，蓋面近蒂處鏤雕甲蟲一。配有烏木嵌銀絲座，四出分瓣式，束腰，如意雲頭形足。此盒與其後三件仿生式小盒表現主題相近，裝飾風格相類，圓雕與鏤雕工藝純熟，當為同一時期的同一批製品。

（劉岳）

三五　黃楊木雕瓜式盒　清

高七·四、最大口徑七·三釐米

故宮博物院藏

瓜形，橫臥式，對剖成蓋盒二部，以子母口相合。下半鏤雕蔓葉繁複，上半近蒂處鏤雕甲蟲。配有烏木嵌銀絲座。

（劉岳）

三六　黃楊木雕香果式盒　清

高七・七、口徑六・三釐米

故宮博物院藏

香果形，橫臥式，下半鏤雕纏連枝葉，上半近蒂處鏤雕甲蟲。配有烏木嵌銀絲座。

（劉岳）

三七　黃楊木雕桃式盒　清

高七・六、最大口徑七・五釐米

故宮博物院藏

桃形，橫臥式。下半鏤雕枝葉纏連，近口邊之空隙處雕蜜蜂一，蓋頂近蒂處則鏤雕猿猴一，似有「白猿獻壽」的吉祥寓意。配有烏木嵌銀絲座。

（劉岳）

三八　黃楊木雕靈芝式盒　清

高二・九、最大口徑七・四釐米

故宮博物院藏

雕作一大二小三隻靈芝菌蓋相疊狀，最大一隻即為盒體，器壁甚薄，蓋盒子母口相合。外底陰刻楷書「雍正年製」款識。此作隨形雕刻，別致精巧，活靈活現，造型及工藝都富時代特點，是雍正時期存世不多的黃楊木製品中極為突出的一件。

（劉岳）

三九　黃楊木雕竹節式盒　清

高五·七、口徑四·三、底徑五·五釐米

故宮博物院藏

圓體，二節竹筒式，剔刻節痕，浮雕竹葉，清新自然。約於二分之一處分開作蓋盒二部，開口藏於彎曲節痕之下，十分隱蔽，扣緊後渾然一體，足見構思之巧。

（劉岳）

四〇　檀香木雕雙龍捧壽盒　清

高一三、口徑二二釐米

故宮博物院藏

扁圓形，蓋盒子母口相合。口邊上下各陰刻回紋一周，蓋面以卐字紋為地子，其上浮雕雙龍捧壽，又於龍首尾及爪間設置團壽紋，盒身亦以同樣之雙龍團壽為飾。此盒之裝飾與雕刻風格頗能突顯這一類材質器物之審美與工藝特點。

（劉岳）

四一　樺木雕蕉葉獸面紋圓盒　清

口徑六、高三·四釐米

故宮博物院藏

圓盒為樺木製，盒蓋和盒體為螺口結構連接，為鏇製工藝製作，其圈足內鏇痕較為明顯。蓋面作淺浮雕，四個聯體獸面紋，中間為團壽字；盒體雕蕉葉紋一周。雕工較為精細。

（張林傑）

四二　沉香木雕山水杯　明

高一〇·四、最大口徑九·八、最大底徑六·六釐米

故宮博物院藏

天然不規則形，口部一側伸出如流，邊沿留有一周陰刻線，似本為鑲銀裡扣口之痕跡。外壁以高浮雕、鏤雕等技法刻畫峭壁嶙峋，蒼松茅亭，一人垂釣於岸邊，紋飾自陰刻之水波至高起之山巒，可分出多個層次，在同類作品中富於典型意義，也是比較精細的。人物身後刻行書「福生製」款識。

福生，即明代中晚期雕刻家江春波。據《酌泉錄》載，江氏與蜀中長素道人相契，二人於無錫五浪山結廬而居，以古木、藤癭、湘竹等製為硯山、筆架、盤盂、臂閣、麈尾、如意等，富貴家莫不持重貨以求之。而名人才士，若唐寅、祝允明、文徵明父子接踵於門。其卒年已近九十。

（劉岳）

四三　沉香木雕松竹梅紋杯　明

高一一·九、最大口徑一一·三釐米

故宮博物院藏

沉香木高浮雕杯，深棕色，以一塊隨形沉香木根雕製而成。敞口，口邊有嵌弦線。杯底為鏤空盤枝曲幹，杯外壁如同山巖，凹凸嶙峋；環周刻老梅幽竹，松幹梅枝虬勁弩張，並以大石為襯，構思奇巧，雕刻深邃老到，古意盎然。以松、竹、梅為題材，稱「歲寒三友」，寓意清雅高潔。

四四　沉香木雕山水杯　明

高一〇・二、最大口徑九・七、最大足徑七・六釐米

故宮博物院藏

此件作品以山村隱居內容為題材，雕刻山巒起伏，奇石錯落，疊嶂如屏。山間一茅屋，傍柏依巖，十分隱蔽。屋下方有一凸崖，平整如臺，一隱士頭戴斗笠，身穿短衣，高挽褲管，倚石半臥。在山壁上方刻陽文「癸醜仲冬月，江春波製」行書款。

四五　沉香木雕赤壁圖酒斗　明

高九・一、最大口徑六・六釐米

故宮博物院藏

扁體，覆山形，外淺浮雕山水人物。一面小舟自峭壁下將出未出，頭戴東坡巾之蘇子與客似相談正歡，另一面一人立於岸邊，身後松柏高峙，房舍隱現。巧妙利用材料之凹凸，與紋飾結合自然。口緣一周有陰刻線一道，似為裝置金屬裡子之扣口痕。一面陰刻線下篆書「東坡遊赤壁圖」六字，並「希黃子」印一。此印曾見於竹刻家張希黃作品之上，張氏以擅長留青陽文技法聞名，然比較可知此作之款印當為後刻。

（劉岳）

四六　沉香木雕山水筆筒　明晚期

高一三・一、最大口徑一一・九、最大底徑九・七釐米

故宮博物院藏

口部開敞，略呈不規則橢圓，足部收斂，側視如倒梯形，後鑲底。外部保留凹凸起伏，但磨製圓潤。筒身中部一周浮雕山水、林木，峰巒起伏，崖岸上一人戴笠倚石斜坐，神態悠閒。紋飾自陰刻水紋、淺浮雕遠山，至高浮雕之巖石，近於圓雕之人物，高低層次可五六重，且雕刻細膩工整，其工藝為同類作品中較為傑出者。

（劉岳）

四七　沉香木雕山水筆筒　明

高一二·四、最大口徑九·五、最大底徑七·八釐米

故宮博物院藏

天然筒式，外壁凸凹自然，中下部高浮雕山水景，松柏茂盛，枝葉細密，一人乘馬前行，小童荷擔相隨，山間屋宇、亭臺儼然。紋飾在比例處理上頗具特點，如菊花較人物、建築更大，雖有景深之別，但稚拙自由之趣還是躍然而出。配鏤空四足木座。

（劉岳）

四八　沉香木雕山水筆筒　清

高一五·二、最大口徑一二、最大底徑一〇·七釐米

故宮博物院藏

天然筒式，口部開敞，外壁保留縱向凸凹，頗具裝飾意味。高浮雕山巖、松柏、亭榭集中於筒壁之中部一周，配合淺浮雕之叢竹、漁舟、人物，並陰刻水波，層次井然。此器為沉香木雕筆筒中較為細膩者。鑲紫檀木底，並四矮足。

（劉岳）

四九　沉香木雕山水筆筒　清

高一四、口徑一二·五、底徑九·五釐米

故宮博物院藏

不規則圓筒形，口部略開敞。外高浮雕巖石層疊，蒼松草亭，一士人立於岸邊，似正待泛舟而去，石階上小童抱琴相隨。紋飾高低錯落，層次井然，局部運用鏤雕，如樹枝、亭柱等部分，增添了立體感，亦頗能顯示沉香木雕刻的某些共同的工藝特徵。

（劉岳）

五〇　沉香木雕山水筆筒　清

高一五、口徑一三、底徑一一·五釐米

故宮博物院藏

沉香木高浮雕筆筒，深棕色，筆筒外壁凹凸起伏，是以沉香木隨形木樁經過銜接雕刻而成。山巒重疊，松柏交叉，匡廬隱約，好似鳥鳴山幽的世外桃源，老者拄杖，童子相隨，緩緩而行，前來訪友。筆筒通景構思，佈局嚴謹，雕刻高低起凸，錯落有致。

五一　沉香木雕山水筆筒　清

高一五·二、最大口徑一三、最大底徑一一·二釐米

故宮博物院藏

略呈圓筒形，口部開敞，上大下小，外中部一周高浮雕山石叢樹，與天然溝槽起伏的筒壁構成虛實、色澤、肌理等的對比映襯關係，顯示出此類工藝的獨特美感。鑲嵌紫檀木四足底座。

（劉岳）

五二　沉香木雕山水人物筆筒　清

高一四、口徑一二·五、底徑九·五釐米

故宮博物院藏

筆筒是以浮雕及拚接技法製成的。作者把一塊平底、光素錐形的沉香木根，內口掏空成鍋底形，外壁略加雕刻，勾勒出遠山、房屋及人物。然後用拚鑲技巧將其他刻好景物的沉香木塊自下而上粘接在錐形木根上，使筆筒顯現出凹凸之狀，浮雕感更為強烈。此筆筒製作技法嫻熟，刻工精湛，與犀角製品有異曲同工之妙。

五三　沉香木雕百鹿紋杯　清中期

高九・九、最大口徑一一・二釐米

故宮博物院藏

杯體保留天然凸凹的不規則形，略加雕琢即成嶙峋山巖，而杯身大部淺浮雕峰巒松林池沼群鹿。花鹿小如椒豆，形體簡括，卻動態傳神，各有區別，實屬難能。此類裝飾題材看似對景寫照，實則「百鹿」諧「百祿」之音，為清代吉祥紋樣的一種固定模式，在瓷器等其他工藝上也有所反映，只是各依材質不同而做出相應調整而已。

（劉岳）

五四　沉香木雕松竹紋杯　清

高九・三、最大口徑九・九釐米

故宮博物院藏

不規則形，略近圓體，敞口，斂底，似有仿犀角杯之意匠。外壁高浮雕岩壁間松竹掩映，茅舍半露。紋飾雕刻細膩，層次豐富，為同類製品中少見者。

（劉岳）

五五　沉香木雕山水杯　清

高六・八、口徑六・九、底徑五・五釐米

故宮博物院藏

天然形，略近圓體，口部開敞，腰身部凹陷，足部撇出。紋飾集中於器身中下部，高浮雕山石鬆竹茅舍草亭，細小精緻，光素部分磨工亦不俗。鑲嵌銀裡。

（劉岳）

五六　沉香木雕山水斛杯　清

高六・三、口長九・九、寬八・四、底長六、寬五・五釐米

故宮博物院藏

方斗形，上大下小，四矮足。兩側面光素，配鏤空雙獸耳，正背面於回紋邊飾內，去地浮雕山水林木亭榭，紋飾謹細而富畫意，與規整之器型恰成映襯，頗具特點。

（劉岳）

五七　紫檀鏤雕人物筆筒　明晚期

高一八、口徑一四釐米

故宮博物院藏

筆筒呈圓筒式，另鑲底，下承三矮足。在口沿處以陰線刻一周各體「壽」字。外壁鏤雕仙山瓊島，山間松樹、梅樹、藤蘿、靈芝環繞。山上流雲飄浮，南極仙翁坐於洞府講經論道，身旁鶴鹿相伴。問道者神情恭謹，一派祥和氣氛。另鑲底座略突出，淺浮雕螭龍紋，

此筆筒圖意深刻，寓「長生有道」之意。刀法深邃，以意韻取勝，是明代雕刻工藝風格之佳作。

五八　紫檀董其昌題字大筆筒　明晚期

高二四・八、口徑三四・二釐米

故宮博物院藏

筆筒體形碩大，筒壁較厚，內壁塗黑漆。外壁陰刻填彩唐代詩人杜甫的「飲中八仙歌」，並落有「其昌」款。董其昌（一五五五—一六三六），字玄宰，華亭（今上海）人，傑出書法家。此筆筒外壁書法運刀如筆，一氣呵成，韻味深厚，為筆筒增添了無限的書卷之韻。

五九　紫檀雕梅竹紋筆筒　明晚期

高一八·二、最大口徑二〇·六、最大底徑一九·八釐米

故宮博物院藏

不規則橢圓形，筒壁較厚，入手沉實，拱壁式底。一面淺浮雕梅枝，花朵開闔，掩映多姿，並以竹枝、湖石為襯托。紋飾雖突起高度有限，但層次清晰，主次分明。另一面保留材料原有不平整瑕疵，略作處理，如老梅虯幹之肌理，使紋飾部分有所附麗，並形成虛與實、抽象與具象的對比，十分高明。紋飾之旁陰刻隸書詩句：「花開正屬小春時，一氣才新物未知。嶺外江南千萬樹，小窗斜日兩三枝。臨溪照影為誰好？步月聞香每自疑。幸有微吟可相狎，詩人所賞是風姿。」署「宋玨」及「比」、「玉」印。按宋玨（一五七六—一六三二），字比玉，莆田人，長年寄寓江南，詩、書、畫、印俱有名於時，而詩句則為明代詩人楊光溥《詠梅集句》百首之一。

（劉岳）

六〇　紫檀雕花卉紋筆筒　明

高一八、口徑一九·五釐米

故宮博物院藏

筆筒圓口，筒壁刻茶花、梅花、蘭花等花卉紋。花葉相互掩映，佈滿全器，使筆筒益顯奇峭古樸。

此件作品外壁色如蒸栗，刻工圓潤，配上外凸浮雕花紋三足底座，更使筆筒顯得富麗清奇，既是書齋几案上的文房用具，又是珍貴的藝術陳設品。

六一　紫檀雕花卉紋筆筒　明

高一七、口徑一八釐米

故宮博物院藏

紫檀木製，平口、平底。筒壁較薄，筆筒外壁有水波紋口沿。口沿下通景式，以陰刻菊紋為錦地，錦地上淺浮雕刻壽石及花卉。以壽石為界，兩側雕刻芍藥、茶花等四季花卉。雕刻紋線淺平，細緻流暢，以錦地為襯更顯得花紋淡雅、疏朗有致。

六二　紫檀雕花卉紋筆筒　明

高一五、口徑一二·六釐米

故宮博物院藏

紫檀木製，棕紅色，筒口呈花瓣形，平底。筒壁浮雕茶花、梅花、玉蘭、海棠四組花卉，並有壽石相襯。花卉上方一側，用銀絲嵌有七言詩句「雪滿山中高士臥，明月林下美人來」，點明圖紋寓意。詩後落有「文父」篆書小方印款。圖案疏朗，紋飾刻工細緻圓潤，是明代後期浮雕之佳作。

六三　紫檀雕樹樁式筆筒　明

高二六·四、口徑三一·三、底徑二九·八釐米

故宮博物院藏

筒式，拱壁形底。外壁雕作樹皮式，癭瘤溝槽自然，有抽象律動之美。其凸凹轉側圓潤，磨工上佳。而形體碩大，器壁厚重，入手沉實，為文房器具中不多見的精品。

（劉岳）

六四　紫檀雕玉蘭花式筆筒　明

高一七・三、口徑一三・三釐米

故宮博物院藏

筆筒紫檀製，作玉蘭花瓣式，筒身凸雕玉蘭花數枝，花朵碩大，層次清晰，花瓣凸凹過渡自然柔和，顯示了作者高超的技術和深厚的雕刻功力。

（張林傑）

六五　紫檀雕山水筆筒　明

高一六・一、口徑一六、底徑一四・七釐米

故宮博物院藏

圓體，口及近足處外撇，足部又折向內收，底中心內凹，呈玉璧式。其型簡潔而不失變化。外壁淺浮雕並陰刻山水林木，臺榭高出水面，幹欄歷歷可數，中有人物似憑窗小憩，又有對坐於岸邊者，小舟泊於其旁。人無眼目，山無皴點，水紋淺淡，皆如簡筆寫意。然其磨工頗佳，每一線條均過渡圓潤，不見鋒棱，體現出較高的工藝水準。

（劉岳）

六六　紫檀雕九螭紋筆筒　清早期

高一七、口徑一六・五釐米

故宮博物院藏

紫檀雕，筒式，口沿和底部均起凸棱一圈，下承三矮足，口沿凸棱用銀絲嵌回紋一周，筆筒環周作淺浮雕九螭，形態各異，生動活潑。

（張林傑）

六七　紫檀雕山水人物筆筒　清早期

高一四・八、口徑一四・一釐米

故宮博物院藏

筆筒紫檀製，外凸雕山水人物。松蔭下，一老者騎馬前行，一老僕背負行囊隨後。前面不遠處，一婦騎牛，牛躅躅不前，前後二僕盡力推拉，牛卻巋然不動，婦人懷抱二孩童，其中一童懷中抱貓，生動有趣。山澗那邊，狗歡羊咩，一行人負琴而行，似陶醉在大自然的天籟中。

（張林傑）

六八　紫檀雕九虬紋筆筒　清早期

高一七・八、口徑一三・一、足徑一三・八釐米

故宮博物院藏

筆筒底嵌有紅木三矮足。口沿錯銅絲為枝蔓，以綠松石、青金石等為花，花間嵌六隻異獸。筒壁凸刻雲紋為地，又用鏤空深浮雕技法，雕有九條虬龍。虬龍形態各異，上下翻卷穿插，糾結盤繞，佈滿全器。九虬的雙眼用黃色螺鈿鑲點，炯炯有光。

這件筆筒，色澤深褐，圓潤細膩，活潑靈透，是清康熙年間木雕鑲嵌藝術中的精品。

六九　紫檀嵌螺鈿八仙祝壽圖筆筒　清早期

高一六・一、口徑一四・一、底徑一三・九釐米

故宮博物院藏

筒式，後鑲底座，外膨出廓，三矮足。口沿一周以螺鈿、彩石、色漆及銀絲鑲嵌纏枝花紋。器身滿雕紋飾，以壽星及八仙為主，點綴松、鶴、洞石等，人物形象稚拙生動，浮雕、鏤雕技法純熟，紋飾主次分明，層次豐富。底座邊緣淺浮雕螭紋。

（劉岳）

七〇　紫檀鏤雕松下老人筆筒　清早期

高一四·七、口徑一五、底徑一四釐米

故宮博物院藏

筒形，口及足緣微侈。鏤雕巖穴中，松樹偃臥，一老人坐於蔭下，手按膝頭，似正凝神傾聽泉水錚淙，另一面童子抱琴立於石壁下。此作紋飾雖不強調精細，磨工卻佳，鏤雕面積甚大，具有較強的時代特點。

（劉岳）

七一　紫檀雕樹幹形筆筒　清早期

高一七·九、口徑一九釐米

故宮博物院藏

筆筒以紫檀木雕製成，圓口，器型較碩大，筒壁上以剜刻技法，通體雕成老柏古幹狀，紋理蜿蜒屈伸，癭結累累，凹凸自然。抽象的線條，沉穩的器型，構成了它卓爾不群的藝術特點。作者以熟練高超的技巧，運刀自如，得心應手地處理了複雜的層次關係，顯示出了主次分明的技藝風格。

七二　紫檀刻山水筆筒　清

高九·六、口徑六·六、底徑五·六釐米

故宮博物院藏

筒式，上微闊，口唇弧凸，三足，器型優美。筒壁陰刻高樹茅椽，一人立於柴扉前迎候，一人自林中行出，以刀痕模擬筆墨效果，點線剔抉，皆具畫意。圖旁有草書「白龍山人寫」五字，並陰文「一亭」、陰文「王」二印。白龍山人為晚清畫家王震（一八六七—一九三八，字一亭）之別號，此筆筒紋飾或本諸其畫稿而來。

（劉岳）

七三 紫檀雕松林論詩筆筒 清

高一四・二、口徑一三・二、底徑一二・六釐米

故宮博物院藏

筒式，三矮足。口緣、足緣起線一周。一側浮雕遠山流雲，雙松小舟，二老者坐於樹下。背面刻陽文隸書「松林論詩」四字，並行書「乾隆乙卯二月文漁張燕昌刻」款識，並「芑」、「堂」印。張燕昌（一七三八—一八一四），字文漁，號芑堂，又號金粟山人，浙江海鹽人，善篆、隸、飛白、行楷，精金石篆刻，工畫蘭竹、花卉、山水、人物，亦精竹木雕刻。

（劉岳）

七四 紫檀雕鶴鹿紋筆筒 清

高一三・五、徑一二釐米

故宮博物院藏

筒形，圓唇微侈，後嵌底，三矮足。外壁浮雕山巖松鶴及靈芝花鹿，含祝壽吉祥寓意。其紋層次高低，深淺裕如，然稍嫌板滯而程式化，略輸生動。圖旁陰刻隸書詩句：「芝蘭千載茂，鶴繞萬年青」，詩前篆書引首章「片玉」，句末為「三多」、「九如」二印。

（劉岳）

七五 紫檀雕樓閣人物筆筒 清

高一五・一、口徑一三・七釐米

故宮博物院藏

筆筒紫檀木製，作樹根形，自下而上分層雕刻。二騎士攜一僕童沿途而上，路邊蒼松古柏，蔭涼宜人。一路上寶塔佛龕，及至頂層，一座城池立於雲端，內有樓閣亭臺，猶如仙境。

此筆筒採用高浮雕手法，雕工粗獷。

（張林傑）

七六　紫檀雕山水人物筆筒　清

高一七・六、口徑一七・五釐米

故宮博物院藏

筆筒為天然段形紫檀製，凸雕山水人物圖。大山深處，松蔭蔽日，三五成群的遊人乘馬行於山間崎嶇小路、澗上小橋，前後呼應，體現了當時文人雅士對隱逸自然的嚮往。

（張林傑）

七七　紫檀雕八仙圖筆筒　清

高一四・四、口徑一二・八、底徑一二釐米

故宮博物院藏

圓筒式，內口沿過渡圓滑，外口邊及底邊光素一周，其間去地浮雕巉岩溪流，古松斜出，八仙布列於下，道具不同，姿勢有別，各盡其態，頗為生動。

（劉岳）

七八　紫檀雕梅花紋筆筒　清

高一六、口徑一六・六、底徑一五・八釐米

故宮博物院藏

筒式，外壁雕刻盛放之梅樹一株，純以陰刻法為之，已堪稱精能，但如經傳拓後更可見出其以刀痕模仿筆墨韻味的文人化追求。圖左陰刻行書：「萬花敢向雪中出，一樹獨先天下春」七言詩句，署「辛卯七月既望文鼎」，圖右下為隸書「山彥刻」款識。

按山彥，為曹世模之號，世模字子范，秀水（今浙江嘉興）人。工畫，擅篆刻，力追秦漢，於浙派籠罩下能自出機杼，尤精於刻竹。文鼎（一七六六—一八五二），字學匡，號後山，同為秀水人，精鑒別，能書畫、篆刻，亦精刻竹，人以為不下周芝巖。二人與孫三錫（號桂山）、錢善揚（號幾山）並稱為「鴛湖四山」。

（劉岳）

七九　紫檀雕山水筆筒　清

高一六·七、口徑一三·五、底徑一三釐米

故宮博物院藏

筒式，口邊及足邊凸出一周，四矮足。口邊鑲嵌銀絲螺鈿纏枝蓮紋。筒壁主體陰刻淺而細密的水波，浮雕山巒，流雲，屋宇，高塔，平湖，釣艇，物象簡拙而圖案化。近口邊處陰刻行書：「甲辰冬月下浣仿梅花老人作法」，署「王概」款及去地陰文篆書「王槩」印。王概，一作王槩，字東郭，一字安節，秀水（今浙江嘉興）人，久居江甯（今南京），以鬻畫為生，因參與編繪《芥子園畫譜》而譽滿藝林，為著名畫家，兼擅治印、雕刻，能詩文。

（劉岳）

八〇　紫檀雕山水人物方筆筒　清

高一六·八、徑一四·八釐米

故宮博物院藏

方形，壁稍厚，轉角過渡圓潤，琢磨特佳。四面分別陰刻山水及人物圖景，寥寥數筆，如簡筆畫般，卻頗富韻味。其中一面有「南京石叟氏畫並刻」款識。石叟，據《蘿窗小牘》等文獻記載，為明晚期僧人，以善製嵌銀銅器著名，所作多為文人雅玩之物。

（劉岳）

八一　紅木雕玉蘭花形螭紋筆筒　清

高一七·七、口徑一九·一釐米

故宮博物院藏

筆筒紅木製，筒身作玉蘭花形，三枚花瓣上各浮雕螭虎一隻，分別口銜靈芝、竹枝、桃枝，寓意吉祥、高潔、長壽。

（張林傑）

八二　黃楊木雕東山報捷筆筒　清早期

高一七・八、最大口徑一三・五釐米

故宮博物院藏

筆筒鵝黃色，嵌紫檀木口邊與底座，呈橢圓形。這件以「淝水之戰」為題材的筆筒，舍去了戰場對恃的局面，以弈棋和報捷表現了謝安的必勝信心。筒壁以山崖為界，採用高浮雕技法，將畫面分為兩部分。山崖右側，曲徑幽林，古松插壁而生，垂蔭如蓋。松下三位老者圍石弈棋，小童端盤旁侍。老者身後有三位仕女，持花低語。山壁左側，壑谷重疊，兩個信使高舉報旗，爭先恐後在林中策馬奔馳。雖然紋飾佈滿全器，但佈局疏朗有致。山間石壁上方刻有楷體七言律詩一首，詩中既談到了謝安的軼事，又讚揚了吳之璠精絕的雕刻技術，下方鈐「古」「香」小方印及「槎溪吳之璠」、「魯珍」印款。

吳之璠，字魯珍，號東海道人，上海嘉定人，工人物花鳥，善行草，師承朱三松竹刻，並以北魏石刻的浮雕技法融入到竹刻中，創造出「薄地陽文」刻法，既是清初畫壇之翹楚，又是一技多能的雕刻能手。

八三　黃楊木雕春眠圖筆筒　清

高一〇・八、口徑七・八、底徑七・三釐米

故宮博物院藏

圓體，口、底微侈，三矮足，口邊及底沿凸出一周，器形秀美。外壁一側表現結廬幽篁間的山居意境，但見叢竹無盡，高樹參天，茅舍簾幕低垂，文士攏袖高臥，閒適之態活靈活現。技法以陰刻為主，但通過剔刻深度區別層次，如人物凸起甚高，遂使室內進深感加強，而樹木、叢竹亦深淺不同，空間關係便呼之欲出。山石曲折有力，其陰刻線條很有斧劈皴的韻味。霧靄的界邊磨光來突顯氤氳與流動，表現出景物逐漸隱入霧中的混沌，並最終在筒壁另一側過渡至留白，頗饒畫意，收以少勝多之功。外底陰刻填朱篆書「山靜日長」印章。　（劉岳）

八四　黃楊木雕梅花紋筆筒　清

高一〇、最大口徑五・三、最大底徑四・九釐米

故宮博物院藏

略近圓體，有天然不規則之凹凸起伏，如梅幹狀，口下浮雕梅枝斜逸。大部留白，而又切合主題，裝飾節制，而有點睛之妙，非深諳以少勝多之傳統寫意精神的能工巧匠所不能為。

（劉岳）

八五　黃楊木雕竹林七賢圖筆筒　清

通高二〇・六、最大口徑一四・五、最大底徑一一・八釐米

故宮博物院藏

黃楊木製，隨形，作者將一塊粗厚的黃楊木根，隨其形狀採用鏤刻深浮雕技法，以通景式，在筆筒外壁上刻竹林七賢圖。圖案分兩部分，層次深達十二三層。山前竹林深遠，枝繁葉茂。竹林中奇石疊錯，七老或立或坐聚於林間，神態慈祥。筆筒刻工十分精湛，鏤空的竹枝細若粗針，人物鬚毫必現，栩栩如生。整個畫面情景交融，整體和局部均達到了高度的統一。此筆筒精細的刻工與臺北故宮博物院收藏的黃楊木雕西園雅集筆筒有異曲同工之妙。

八六　黃楊木雕知音圖筆筒　清

高一〇・七、口徑四・七、底徑五・八釐米

故宮博物院藏

筆筒圓口，筒身修長，有四矮足。口沿及足沿分別飾一周「卐」字紋，外壁浮雕俞伯牙、鐘子期的知音故事。伯牙於船頭專注鼓琴，背後一童烹茶，一童閑坐，子期坐於崖岸上，凝神靜聽，柴擔立於身後。其裝飾效果及剔地浮雕法的運用似脫胎於同類竹雕器物，紋飾層次豐富，細部清晰，立體感甚強。另一面陽刻行書五言詩句：「宣情並理性，寄託在瑤琴。為問知音侶，鐘俞冠古今。」並「壽」及「周明雕刻」篆書印章二。

（劉岳）

八七　天然木筆筒　清

高一四、口徑九·五、最大底徑七·五釐米

故宮博物院藏

不規則形，配鑲嵌木口。外壁保留天然之瘤突孔罅，錯落有致，加之表皮紋路流轉，蘊含耐人尋味之抽象天趣，非人工所能及。而其妙在慧眼選材，精心修剪，又使造化為我所用。此類天然木製品在清代文房用具中並不鮮見，實際上反映出一種獨到的傳統審美思想。（劉岳）

八八　天然木筆筒　清

高二二·八、口徑二六·七釐米

故宮博物院藏

作者取天然木根一段把內部掏空，外部則略加刮摩，最大限度地保持其天然形態。置於案頭之上，自然氣息撲面而來，堪為文人雅士的至愛。（張林傑）

八九　檳榔木雕花筆筒　清

高一三·五、口徑一三釐米

故宮博物院藏

圓筒形，內髹朱漆。外壁口邊及足邊各一周光素，並以凸弦紋為界，其間於地紋上飾纏連花紋，為傳統的錦上添花設計，技法用去地淺浮雕。一面縱向留白一道，上刻楷書「大明萬曆年製」。此種材質、裝飾與年款均不多見，故此器為有一定價值的實物資料。（劉岳）

九〇　木雕金漆葵花式筆筒　清

高一一·九、口徑一一·五、底徑一〇·八釐米

故宮博物院藏

椰子木製，十瓣圓花式。筒身髹黑漆飾描金花卉紋，每一凸瓣均留出長方形開光區間，開光內在原木地上淺浮雕變體幾何紋樣，每面相同。內壁滿髹黑漆，並以金漆描畫各式折枝花草紋。底部亦為黑漆地描金花卉紋。此器所應用漆工藝似吸收了日本金漆蒔繪的影響，較為特別。黑漆描金豔麗悅目，而木色沉暗蘊藉，相互襯托之下，裝飾效果更為突出。　（劉岳）

九一　樺木刻石榴圖筆筒　清晚期

高一三·五、徑一二釐米

故宮博物院藏

圓體，口微開張，器表潤潔，紋理自然，底部中間內凹，邊緣突出一周呈玉壁式。外壁陰刻折枝石榴，用糙地法處理，與光滑的表面形成對比，以肌理變化傳達濃淡不勻的筆墨意蘊，頗具匠心。引首陰刻篆書印章「吉安」，下為「古鄗」，畫旁陰刻行草書詩句：「仙人醉剝青紫皮，東老壁上曾題詩。累累子擘紅瑪瑙，不須更問鮮荔支。」署「乙丑四月老缶」並「吳俊之」小印。筆筒另一側陰刻吳氏臨石鼓文第三鼓「田獵篇」，末署「吳昌碩」，並鈐「吳昌石」印。吳氏一生曾反復臨寫石鼓，人謂其「以鄧（石如）法寫石鼓文，變橫為縱，自成一派」（向燊語），此作以刀為筆，書畫皆神完氣足，頗能傳其韻味。　（劉岳）

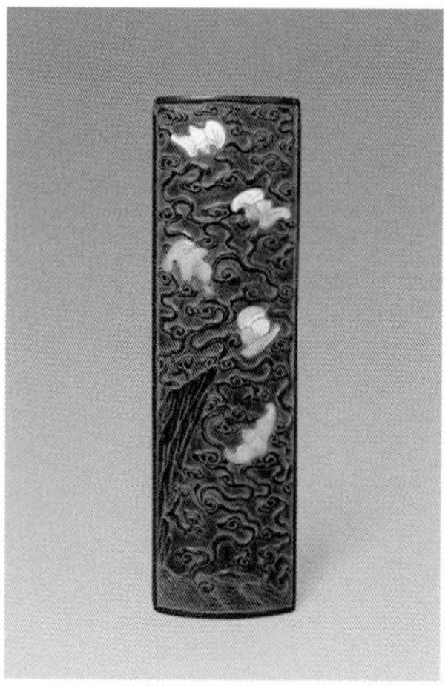

九二　沉香木雕菊花臂擱　清早期

長二六、最寬九釐米

故宮博物院藏

長形，左右兩邊下曲如天然木椿狀。作者採用淺浮雕技法，在正面凸刻秋菊、壽石及雜卉花紋，寓「延年宜壽」之意。此件作品，色澤深沉，花紋簡潔，完全以天然形狀為本，雖不是繁花似錦，卻顯得古色古香，蒼老中饒秀嫩之致。刻法亦不循規蹈矩，刀法精到不凡，有竹刻風格，起凸的淺浮雕被點綴得恰當適宜，是清宮造辦處藝師的傑作。

九三　紫檀雕雲蝠臂擱　清

最厚二、長二二·四、寬六·四釐米

故宮博物院藏

長方形，覆瓦式，弧面雕刻紋飾。四周凸起邊沿，其內去地淺浮雕海水江崖，流雲旋舞，又鑲嵌螺鈿蝙蝠五，紋飾滿密，色彩悦目，寓意吉祥，是一件很有特點的文房用品。

（劉岳）

九四　黃楊木雕竹節臂擱　清

厚二·九、長二八·六、最寬六·一釐米

故宮博物院藏

雕作半片竹筒形，微弧曲，一端略窄，一端稍寬，浮雕竹節，惟妙惟肖。又浮雕細枝一，並竹葉若干，旁有一懸絲蜘蛛。最上方一節內浮雕壁虎。最下方一節刻行書書詩句「多少青雲皆後輩，一齊低首拜春風」，署「嗚東先生出舊藏臂擱，屬錄東坡句，即希誨正」。

（劉岳）

九五　黃楊木雕梅花臂擱　清

厚二・八、長一八、寬五・五釐米

故宮博物院藏

隨形雕作半爿屈曲老幹式，表面浮雕梅枝，保留材料原有孔罅，並略施雕鏤，使紋飾生出層次、肌理等變化，且增添了立體感，為點睛之筆。配紫檀木座。（劉岳）

九六　紫檀鏤雕雲蝠嵌玉式筆屏　清

高三二・八、寬二〇・五釐米

故宮博物院藏

背屏純用鏤空雕刻，邊緣一周為變體螭紋，開光內為流雲五蝠，並以朱、金二色漆裝飾，中嵌橢圓白玉一枚，鏤雕雙螭銜芝。下承二方柱，其間鏤空寶相花葉牙子。其前置一半圓邊桌式臺架，上設五孔，可用來插筆。配長方底座。此器形制特別，雕刻精美，傳世罕有。

這種筆屏綜合了筆架、桌屏的功能，裝飾性也很強，在明晚期文人書房中可能已成為一種常規陳設。如高濂《遵生八牋》卷十五即有「筆屏」條，中謂「宋人製有方玉圓玉花板，……種種精絕，此皆古人帶板、燈板存無可用，以之鑲屏插筆覺甚相宜，大者長可四寸高三寸者」云云，而屠隆《考槃餘事》、文震亨《長物志》等亦有類似記載，其形制應與此作相去不遠。（劉岳）

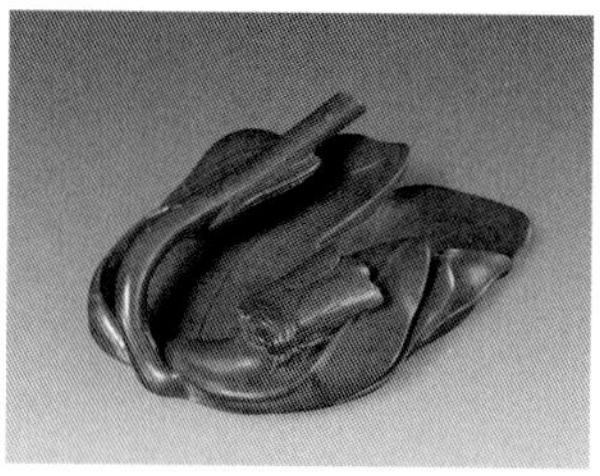

九七　黃楊木刻詩桐葉秋蟬洗　清

高二・八、最長九釐米

故宮博物院藏

黃楊木桐葉洗，色棕黃，以圓雕技法刻成五瓣捲曲的桐葉形，上端葉把上彎搭在右邊卷葉片之上，左邊捲曲的葉片上伏有一隻秋蟬。下端葉脈用陰文刻畫，在葉紋之間，刻詩一首：以蟲鳴秋，何為寂寐，金風其涼，獨解止息。

這件桐葉洗，光澤瑩潤，葉脈清晰，文字秀麗，造型幽雅，自然逼真，是清代康熙年間黃楊木雕工藝中的精作。

九八　黃楊木桐葉式筆舔　清

厚一・八、長一〇・五、寬六・五釐米

故宮博物院藏

雕作大小桐葉相連式樣，葉梗折向背後，正面葉脈為陰刻，相應之背面則雕成陽文，鏤空蟲孔洞，巧妙而生動。大葉中央凹入如橢圓小盤式，可知於仿生之外亦不損使用功能。一小葉邊背面陰刻「吳之番」款識。所謂「吳之番」或即「吳之璠」，為清早期嘉定竹刻名家，此作署款之真實性應在可議之列。

（劉岳）

九九　紫檀雕歲寒三友花插　清

高一二・六、口徑一・一、最寬三・二釐米

故宮博物院藏

雕作老幹屈曲狀，浮雕並局部鏤雕梅花、竹葉、松枝，琢磨圓潤。中空，可作插花之用，而其本身即為極佳之陳設品。

（劉岳）

一〇〇　黃楊木花插　清

高一五・一、口徑二、最寬五・五釐米

故宮博物院藏

保留天然瘤突、裂罅，經悉心剪裁、打磨而成一小巧之陳設，而歷經歲月使其表面增加一層涵蘊光澤，更憑添一種美感。

（劉岳）

一〇一　樺木雕花插　清

高二二、最大口徑七・八、最大底徑七釐米

故宮博物院藏

天然形，微弧，口部稍廣，底部略收，將器表凹凸略做雕刻為靈芝紋。磨工上佳，為同類製品中之突出者。

（劉岳）

一〇二　黃楊木鏤雕鎮紙　清

長一九・五、寬五・五、高四・五釐米

福建博物院藏

原木色，一對兩件，器形完整。扁長方形，背面平整，直立布局。鎮紙一：下部橫臥一兔，呈吃菜狀；上部前後兩棵肥碩高大的蔬菜，一兔直立，前肢屈抱身前，身體上伸，口銜菜葉尖部；頂部臥一飛蟲。鎮紙二：下部一株矮狀菜，葉上布滿蟲洞；中部一棵蔬菜呈高大肥碩狀，菜葉上伏一正吃菜的菜蟲，旁邊一隻雞正仰頭目視菜蟲，呈躍躍慾試狀；背後一竹編柵欄，柵欄上方另一隻雞呈撲食飛蟲狀，一枝花俏立於柵欄後面。兩器物雕工精細，造型生動，是清代黃楊木雕中的精品。

（張胡玲）

一〇三　紫檀雕荷葉式座　清

長三二、寬一九、高七釐米

故宮博物院藏

半殘荷葉上，幾隻青蛙或雙雙相對而鳴，或獨自棲息葉上，荷葉下田螺靜附其上，幾朵荷花或含苞或怒放，其枝莖相連盤繞成底足。紋飾動靜結合，設計巧妙，別具匠心。

（張林傑）

一〇四　紫檀雕梅花紋杯　清

高三・八、口徑九・八釐米

故宮博物院藏

杯身梅花式，圜底，外壁浮雕並鏤雕梅枝及花葉，延至下部成圈足，斜伸折枝如杯耳狀，頗見巧思。此杯之形制及裝飾與某些犀角製品有相似意匠，或曾受其影響。

（劉岳）

一〇五　紫檀雕花鳥紋杯　清

高七・二、最大口徑一〇・七釐米

故宮博物院藏

杯口開敞，斂腹，圜底。外浮雕並鏤雕梅花松竹及雙鵲，梅枝延及杯下成足，紋飾簡潔圓整。鑲嵌銀裡。此杯仿犀角杯之形制與裝飾樣式，但又自具特點。

（劉岳）

一〇六　紫檀雕花卉紋耳杯　清

高三・九、口徑七・二、底徑四釐米

故宮博物院藏

圓體，撇口，鼓腹，矮足，配鏤雕花枝式雙耳，整體近簋形。腹部一面浮雕梅花，一面浮雕玉蘭花葉紋。杯內鑲銅裡。（劉岳）

一〇七　紫檀雕花卉紋杯　清

高五・一、最大口徑一〇・九釐米

故宮博物院藏

口部略呈長方，邊角圓轉，斂腹，圜底。外壁浮雕並鏤雕梅枝及玉蘭，花開朵朵，極富裝飾性。枝條、花朵延至下部成足式。杯內鑲銀裡。（劉岳）

一〇八　紫檀嵌玉雙桃式盒　清

高五・六、長一六・八釐米

故宮博物院藏

雕作雙桃並蒂相連式，外壁浮雕枝葉為飾，開啟後蓋連為一而二盒身各自獨立，並分別設置一隨形淺屜。蓋面鑲嵌鏤雕白玉飾件，其形如明代帶板組合中之雙桃。此盒設計獨特，雕嵌皆精，是帶有宮廷風格的木雕器具。（劉岳）

一〇九　紫檀雕西番蓮紋嵌玉長方盒　清

高八・九、口長二三・九、寬一三釐米

故宮博物院藏

長方形，天覆地式蓋，蓋面及側壁淺浮雕西番蓮紋樣，蓋面中央長方題簽處陰刻隸書填金「受天百祿」四字，其周圍鑲嵌各式玉飾件四枚。底座束腰，浮雕仰覆蓮瓣。此盒雕刻精美，格調不俗，為宮廷中盛裝冊頁的盒具。（劉岳）

一一〇　紫檀嵌玉香車　清

高二五·六、長二九、寬二二·五釐米

故宮博物院藏

紫檀木製，香車由蓋、盒、輪三部分組成，採用拼、鑲、嵌、刻等技巧，上鏤雕盤長、環璧紋欄板，下接鏤刻卷草紋牙簷的平板為蓋，蓋下有二層長方形盒，盒下裝有四個刻如意、回紋的木輪，木輪以玉璧為中心，穿以銅軸，行走穩當滑暢。

香車是一種以盒為主體製成車形的文房裝飾品，一般在蓋面上陳設各種質地的爐、瓶、盒三式，爐可燃香，盒盛印泥，瓶插銀筷和鏟。盒體置放硯臺和筆、書之類。這種特殊陳設用品均是蘇州進貢的，每次進貢一對，數量極少，是清代木雕工藝的精工製品。

一一一　紫檀嵌玉璧冠架　清

高三三、底徑一六釐米

故宮博物院藏

冠架為幾部分拼裝組合而成。分瓣束腰雲形足，底座上為豎直杆部，雕刻為大小相疊的三瓶承盤式樣，每一瓶均飾鏤雕四出花牙。每一平面均鑲勾雲玉璧，自座面至頂面，共四枚。最上部拼裝四片鏤雕嵌玉璧鳳紋飾板，恰可組成承冠之支架。通體木雕部分鑲嵌銀絲為飾。此器細節繁復而典雅華美，製作精巧，在一定程度上顯示出清代宮庭工藝的特點。

（劉岳）

一一二　紫檀嵌玉雲龍紋長方盒　清乾隆

高八・三、長一六・七、寬一五・二釐米

故宮博物院藏

長方形，盒的口沿嵌有銀絲回紋，口沿外嵌勾蓮寶相花紋的金銀片，金銀交輝閃爍，花紋纏綿端麗。蓋面正中凹進，嵌一整片長方形明代玉飾，玉飾以鏤空卍字文錦地，錦地上雲紋縹緲，江崖聳立，蒼龍正視，雙爪托舉一個圓輪，輪內鏤刻壽字，寓「萬壽無疆」之意。

用金銀絲鑲嵌在木器上始於宋代，清代尤為盛行。此件作品工精紋細，嵌工規矩嚴謹，是為襯托玉璧而製作的，主要是用來盛放詩冊的陳設裝飾盒具。

一一三　紫檀嵌玉書式盒　清中期

高七・四、長一五・二、寬一二・五釐米

故宮博物院藏

略呈長方形，四矮足。上部雕作三節竹竿並置狀，邊側一竿為圓雕，而中間及另一側之竹竿實即儲物之盒體，內置冊頁，題簽「猗玕清韻」，內容為于敏中所書御製咏竹詩及墨竹圖一幅，並挖出臥囊，原可嵌入玉飾。淺浮雕竹枝、竹葉等為點綴，蓋面中間一竹部分鑲嵌瓦式白玉飾件，留有明代琢玉名匠陸子岡款識，為此盒又增添了一個值得關注的細節。

（劉岳）

一一四　**紫檀嵌文竹鑲玉瓜蝶紋文具櫃**　清

高三·〇五、長三五·五、寬一七·八釐米

故宮博物院藏

文具盒呈立體委角長方形，盒頂端安銅鍍金如意形提手。正面開門，雙門為櫃式，門中安銀鍍金鏨花鎖扣，門內設文具屜格，以盛裝筆墨硯之用。作者以鑲嵌技法，在盒邊四周進行裝飾，從側面看是委角形狀，正面看則是長方形邊框。框內上下嵌有方夔和束花如意等紋，左右為螺鈿、象牙嵌的方夔、福壽紋，兩扇門圖案對稱，在文竹上嵌碧玉、青白玉，組成瓜蝶圖，圖案精美。其他三面圖案與雙門大同小異，亦寓「福祿壽」之意。

一一五　**紫檀嵌文竹鑲玉瓜蝶紋文具櫃**　清

高三·〇五、長三五·五、寬一七·八釐米

故宮博物院藏

文具盒呈立體委角長方形，盒頂端安銅鍍金如意形提手。正面開雙門，為櫃式，安銀鍍金鏨花鎖扣，門內設文具屜格。框內鑲嵌銅鍍金陽線為飾，兩扇門圖案對稱，在文竹上嵌碧玉、青白玉雕，組成瓜蝶圖，圖案精美。其他三面圖案與雙門大同小異，亦寓「福祿壽」之意。

一一六　**紫檀嵌玉海棠式盒**　清中期

高一〇、長二四·五、寬一六釐米

故宮博物院藏

此盒形制俯視為圓形與橢圓複合而成，蓋頂鑲嵌之圓形與新月形玉飾強化了這種視覺效果。立牆飾回紋帶。盒內設置鏤空牙邊，底座束腰，雲形矮足。附阿桂書冊一。

（劉岳）

一一七　紫檀嵌玉雕花磬式盒　清中期

高五・四、長二三、寬一一・六釐米

故宮博物院藏

盒作磬式，遍雕纏枝蓮紋，蓋面嵌白玉一塊，雕桃樹、鹿、松樹、靈芝等，寓福祿壽、如意之意。盒內盛裝陸錫熊書《天香臚慶》冊頁一。

（張林傑）

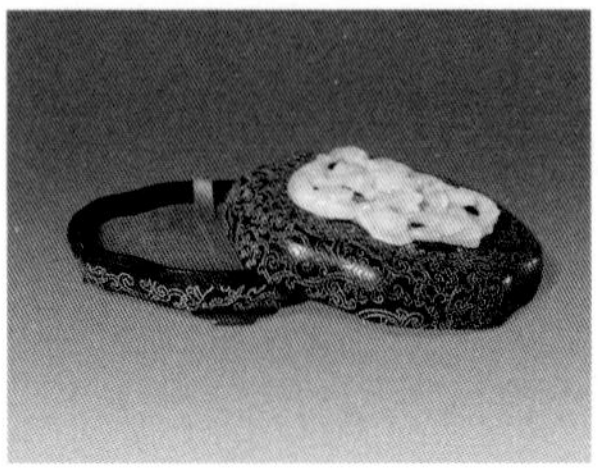

一一八　紅木刻花嵌玉四瓣式盒　清

高四・七、長一四・八、寬一三・二釐米

故宮博物院藏

扁體，四出花式，然分瓣模糊，過渡圓渾，使器體顯得曲線優美。陰刻填綠纏連花紋，效果獨特。蓋頂鑲嵌鏤雕玉飾。玉件年代可能早過此盒之製作年代，而二者相得益彰，融合無間，是當時宮廷中用舊玉嵌飾文房用具的一個成功例證。

（劉岳）

一一九　紫檀雕勾蓮紋嵌玉圓盒　清

高六、口徑一九釐米

故宮博物院藏

盒體光素，蓋面週邊嵌松石等雕刻的勾蓮紋，中心嵌大塊圓形白玉，作鏤雕蟠螭紋。盒內做藍緞包槽，可盛裝冊頁。

（張林傑）

一二〇　紫檀嵌玉雕荷蓮紋長方匣　清

高二〇、长二五、寬二〇釐米

故宮博物院藏

紫檀木製。為盛裝書冊或經文的匣盒。作者將盒分成須彌座和蓋匣兩部分，長方座束腰浮雕仰覆蓮瓣，匣壁浮雕蓮花。匣蓋四壁與蓋面紋飾相同，蓋面正中嵌一長方條形玉。整個盒體製作端莊規矩，雕刻文飾深邃細緻，為紫檀雕刻之佳作。

一二一　紫檀嵌玉十二辰葵式盒　清

高七·五、口徑一八·九釐米

故宮博物院藏

扁體，六瓣葵花式，隨形帶狀足，蓋盒子母口相合。蓋頂正中以白玉及墨玉鑲嵌太極圖，環周則嵌白玉製十二生肖，裝飾特別，較為少見。

（劉岳）

一二二　紫檀嵌銀鑲玉圭形盒　清

高七、長二三·五、寬一〇·三釐米

故宮博物院藏

蓋面正中鑲嵌玉圭，淺浮雕十二章紋，盒體即依其形而來。天覆地式蓋，嵌玉之外鑲銀片為飾，蓋面成回紋環繞玉圭，蓋壁則以變體夔紋纏連鋪展。盒內鏤空牙邊中置臥囊，其一原置小玉璧，另一收儲劉秉恬書冊頁「御製《圭帽説》、《搢圭説》」。底邊沿亦鑲嵌銀飾，下為五矮足。其形制獨特，裝飾和諧，是一件不可多得的木製文房器具。

（劉岳）

一二三　紫檀嵌玉染牙鼓式盒　清中期

高四·七、最大徑一五釐米

故宮博物院藏

扁圓如鼓式，蓋底皆平，腰腹外膨，中分為二，子母口相合。蓋頂鑲嵌玉環一，中央及環周則嵌染牙為飾，配色雅致。尤妙者為浮雕鼓釘兩周，簡潔生動，裝飾性也甚強。

（劉岳）

一二四　紫檀嵌玉勾蓮紋香盒　清

高九、口徑七·三釐米

故宮博物院藏

香盒，紫檀木製，呈鉢形，上寬下束，圈足下內凹，足上與口沿處，用銀絲嵌仰蓮瓣各一周，每個銀絲花瓣內，均嵌有孔雀石片，黃綠相間，色彩潤澤柔和。香盒的腹壁上，以孔雀石、白玉、青玉、瑪瑙為蕾，青金石、螺鈿、碧璽為花，組成勾蓮花卉圖案，花蕾、花朵外沿均嵌以金絲為邊，花紋蜿蜒流暢，色彩搭配明豔精麗。最為突出的還是盒的蓋口，蓋口中間嵌有一塊帶黑絲的白色玉壁，玉壁較厚，鏤空的漏口坡圓光潤，與盒配在一起，顯得十分渾厚富麗。此盒為一件雅俗共賞的美觀、實用的擺設。

一二五　紫檀鑲嵌四駿圖長方盒　清中期

長一九·五、寬一四、高六·六釐米

故宮博物院藏

盒為長方形，蓋面用各色玉石、象牙等鑲嵌四駿圖。柳蔭下，四匹駿馬或臥或立，清閒自怡，頗有郎士寧八駿圖之風韻。

（張林傑）

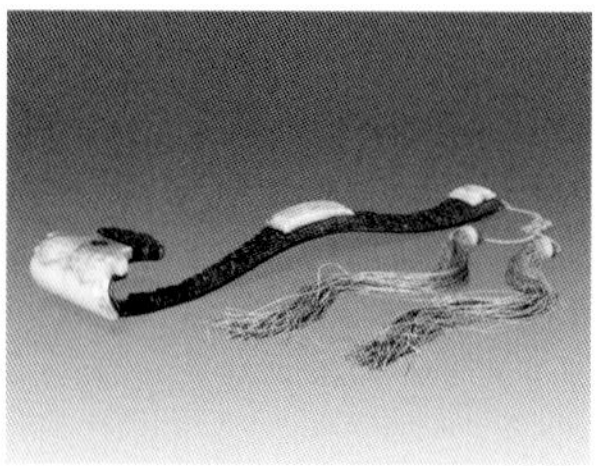

一二六　**紫檀柄嵌玉三鑲如意**　清乾隆

長三五釐米

故宮博物院藏

如意以紫檀為柄，滿雕雲龍紋，柄首、中及尾部各嵌一塊仿古白玉，是為三鑲如意。三鑲如意在清中期出現以後風行一時，被乾隆皇帝稱為「得一含三趣可詳」，大量的古玉被鑲嵌其中，迎合了帝王鑒古的嗜好。（張林傑）

一二七　**紫檀柄嵌碧玉三鑲如意**　清

長四九釐米

故宮博物院藏

紫檀鏤雕木枝纏連式如意柄，於首部、中部及尾部分別鑲嵌銅鍍金托碧玉龍串花瓦，是為典型之三鑲如意。配有木座及玻璃罩等。

三鑲如意約當乾隆中後期始流行，其創製誠如高宗所稱「漢玉香檀接柄長」，「得一含三趣可詳」（見乾隆三十六年辛卯（一七七一）所作《詠漢玉檀柄如意》），將多種材質有機結合起來，豐富了如意製作的面貌，為其在宮廷中繁榮發展提供了條件。（劉岳）

一二八　紫檀百寶嵌雲龍紋方盒　明

高八·三、長一六·七、寬五·二釐米

故宮博物院藏

紫檀木製，呈方形。盒從中分啟，分蓋、體兩部分。蓋頂以螺鈿、珊瑚、孔雀石等鑲嵌雲龍戲珠紋，中陰刻篆體「壽」字。

此件作品，工細精緻，鑲嵌嚴謹，是一件難得的作品。

一二九　紫檀百寶嵌雲螭紋長方盒　明

高一〇·七、長二九·五、寬一八·五釐米

故宮博物院藏

盒呈棕褐色，長方形，凹底，凸口。盒蓋和盒體四周通體淺浮雕海水螭龍紋。蓋面以淺浮雕的海水流雲為地，珊瑚、青金石、青玉、蜜蠟、螺鈿刻製的螭龍藏身、露首，相互追戲、騰躍於雲海之中。雲、龍、海水之間，白色螺鈿刻成的火焰紋如同飄帶，飄飛在螭龍四周。螭龍細瘦矯健，身姿翻轉靈活。

盒中有屜，是盛放冊頁之用。盒蓋蓋內有後來所加工的陰文填金「乾隆己酉御題」的隸書五言詩，詩後有注及「古稀天子之寶」方印。盒中盛裝梁國治書「御製哀明陵三十韻」冊頁。此盒採用的主要技巧是通體浮雕不露地方式，刻工細膩嫻熟，紋飾婉轉流暢，造型、色澤、均古雅莊重，是明代末期木雕中嵌刻均精的藝術佳作。

一三〇　花梨木百寶嵌花鳥紋長方屜匣　明

高一五、長二七・四、寬一六・三釐米

故宮博物院藏

花梨木製，二層，色呈棕紅。蓋盒銜接處飾以嵌銀絲回紋口沿，蓋面凸邊微坡，呈委角形。作者用染牙、大漆、螺鈿為主料，採用百寶嵌的技法，在盒面上嵌有芍藥、石榴、綬帶鳥等圖案。褐色漆製成的樹幹從盒面下方向上挺延，染牙葉、螺鈿花或上挺，或側伸，葉壯花繁，含苞吐豔。綠葉、白花相互輝映，生意盎然。在花樹間一隻紅喙白羽綬帶鳥站立枝頭，神采奕奕，生動非常。

此件作品，盒屜銜接緊密，圖案設計端莊典雅，疏密有致。花紋雖佈滿畫面，但章法不亂，所用料雖不十分華貴，但製作技巧高超，點綴恰當適宜，木色紋理清晰自然，是明末百寶嵌工藝中的精品。

一三一　紫檀百寶嵌花鳥紋長方盒　明

長二四・六、寬一四・五、高九・三釐米

故宮博物院藏

紫檀木製，長方形，盒從中分啟，分蓋、體兩部分。銜接邊沿處飾以嵌銀絲回紋口沿。蓋面凸邊坡圓，呈委角形。作者用螺鈿、染牙、孔雀石、青金石、大漆、椰殼等料，採用百寶嵌的製作方法，在盒面上嵌成花鳥圖案。褐色漆製成的樹幹從盒面下放向上挺延，孔雀石、青玉為葉，螺鈿為瓣的茶花、蘭花或上挺、或側伸，葉壯花繁，含苞吐豔。綠葉白花相互輝映，春意盎然。在花樹間有一隻紅喙白羽綬帶鳥站立枝頭，神采奕奕，生動豔麗。

一三二　紫檀嵌銀絲螺鈿提梁盒　明

通高一七·二、盒高一四、長一六、寬一一·五釐米

故宮博物院藏

提梁盒，呈深褐色，提梁兩側有護板站牙，提梁下連有光素平板底托。盒有兩層，嵌銀絲回紋口沿，盒內四角處均有如足的內梁，摞在一起或蓋上蓋，可以起固定作用。在頂蓋之內有一通口，用一根銅棍從提梁的一側插入，從另一側透出，便可以使提盒穩固異常，盒中所盛裝之物便不會跌落或傾出。提盒的盒面及四壁，淺浮雕花果圖。

提梁小盒設計新穎別致，圖案雕刻精細，簡潔明快，別具一格。

一三三　紫檀百寶嵌人物圖長方盒　明

高八·七、口長二六、寬一六·二、底長二五·四、寬一五·六釐米

故宮博物院藏

長方形，轉角圓潤，蓋面及四壁均微微弧突，內置屜板，帶狀足，邊緣打窪，其製作規整精緻。口沿上下各飾銀絲鑲嵌回紋一道。蓋面以螺鈿、蜜蠟、染牙、孔雀石、青金石等鑲嵌紋飾，流雲下，緩坡一道，孤松偃臥，一人作文士裝扮，手托如意坐於湖石上，其旁花鹿悠游，小童捧古瓶靈芝恭敬而來。人物形體準確，與景物的空間關係清晰，色彩和諧，在同類百寶嵌作品中屬較為精工者。

（劉岳）

一三四　紫檀百寶嵌牧羊圖長方盒　明

高八、長二二、寬一七釐米

故宮博物院藏

紫檀木製，長方形，盒面微拱，邊緣較坡。盒面以螺鈿、孔雀石、瑪瑙、松石等嵌牧羊圖。一番人坐於矮石之上，扭身回首觀望黑、白三隻綿羊。羊在古代寓吉祥之意。

此件紫檀鑲嵌三羊圖盒，作工鑲嵌均十分細緻，色彩和諧，寓意吉祥，為明代晚期百寶嵌之佳作。

一三五　紫檀百寶嵌花鳥紋方盒　清早期

高七·二、直徑一二·六釐米

故宮博物院藏

紫檀木製，深褐色，正方形。盒從中分啟，開啟處嵌銀絲回文。下承四垂雲矮足。盒面以象牙、螺鈿、松石等原料嵌有綬帶鳥及花卉圖。製作精緻有矩，細膩明快，雕工精細入微，作者以幾種原料為主材，恰當地使用和搭配多種名貴原料，使色彩更加豐富多姿，是清早期百寶嵌中的佳作。

一三六　紫檀百寶嵌三羊圖長方盒　清早期

高八、長二二、寬一七釐米

故宮博物院藏

紫檀木製，長方形，盒面微拱，邊緣較坡。盒面以螺鈿、孔雀石、瑪瑙、松石等嵌有松樹、彩雲、太陽及三羊。三羊或臥或立，與風景相襯，十分諧調祥和。

一三七　紫檀百寶嵌三羊圖長方盒　清早期

高八、長二二、寬一七釐米

故宮博物院藏

紫檀木製，長方形，合體從中分啟，有子母口沿銜接。盒面邊緣微坡，以螺鈿、染牙、瑪瑙、松石等為原料，嵌有松樹、彩雲、太陽及三隻三色花羊。三羊或臥或立，與風景相襯。

一三八　紫檀百寶嵌花鳥紋長方盒　清早期

高七·八、口長二三·五、寬一九釐米

故宮博物院藏

長方形，四壁略弧突，帶狀足，足沿微侈。蓋盒子母口相合，上下口唇各突起一周。輪廓線於簡括中不失細節變化。蓋面以螺鈿、染牙及多種彩石等為材料鑲嵌玉蘭、牡丹及枝頭之綬帶鳥，似有「玉堂富貴」的吉祥含義。其色彩鮮明悅目，為難得的百寶嵌精品。

（劉岳）

一三九　紫檀百寶嵌花鳥紋長方盒　清早期

高九、長二四、寬一四釐米

故宮博物院藏

紫檀木製，長方形盒分蓋體兩部分。盒中有屜，子母口，銜接邊沿處嵌金絲回紋口沿，盒體光素，盒面邊緣微坡、作者以染牙、珊瑚、螺鈿、瑪瑙等為材料，在盒面上嵌出「玉堂富貴」圖，褐色樹枝向上疏展，白色玉蘭花、粉紅色海棠花爭相怒放，兩隻雀鳥於枝頭相戲，神采奕奕。圖案設計大方，色彩豔麗，花紋雖佈滿畫面，但疏密有致，章法不亂，為拜盒之佳品。

一四〇　紫檀百寶嵌綬帶鳥海棠花紋長方盒　清早期

高八·五、長二六、寬二一·二釐米

故宮博物院藏

紫檀木製，盒從中分啟，口沿處嵌銀絲回紋，蓋面微凸，呈委角形。作者用螺鈿、孔雀石、青玉、大漆等材料，以百寶嵌工藝在盒面上嵌出綬帶鳥、海棠花圖案。褐色的樹幹從盒的下方上延，孔雀石和青玉為葉，螺鈿為花，葉狀花繁，含苞吐豔，綠葉白花相互輝映，春意盎然。在花樹間二隻紅喙白羽的綬帶鳥站立枝頭，神采奕奕，相互對視，生動非常。

此件作品圖案設計端莊典雅，佈局疏密有致，畫面雖滿，但章法不亂，點綴恰當，花紋色彩明豔，使此盒增添了清勁灑脱的風韻和端麗華美之感。

一四一　紫檀嵌螺鈿夔龍紋長方盒　清早期

高七·一、口長一三、寬一〇·五釐米

故宮博物院藏

盒長方形，帶狀足，足緣微侈，蓋盒子母口相合。口邊上下各嵌金絲回紋一周。蓋頂以螺鈿鑲嵌螭龍五條，四角及中央各一，或獨角，或長吻，或鳥喙，花尾蜿蜒，動態分殊，形貌奇異。盒壁則以螺鈿、瑪瑙、色漆等嵌飾團花、白鶴、摺扇、海螺、犀角、龜背、書卷、如意、雙魚、葫蘆、荷葉蓋罐等雜寶紋。而蓋頂與立面之裝飾風格似還有所區別，後者帶有日本漆器上較典型的審美意趣，團鶴紋等細節尤其似移植而來，這也是此盒最為特別之處。

（劉岳）

一四二　紫檀百寶嵌雙螭捧壽紋長方盒　清早期

高九、口長一六・二、寬一三・五釐米

故宮博物院藏

盒長方形，蓋身子母口相合，口唇微凸，邊角圓轉，蓋面隆起，帶狀矮足，器型規整而勻美。蓋面以螺鈿、染牙及珊瑚等材料鑲嵌二螭龍，口含靈芝，身披彩雲，盤桓抒卷，一上一下，口尾相銜，環擁中央玉製變體「壽」字。其裝飾無一處不含吉祥寓意。

此盒雕嵌皆精，紋飾與紫檀的沉着相映成趣，畫面於疏放中不失工謹，顯露出百寶嵌工藝獨特的美感。

（劉岳）

一四三　紫檀百寶嵌進寶圖長方盒　清早期

高一四、長二三、寬三六・五釐米

故宮博物院藏

長方形，深褐色，平底，底中部有一塊微凹的四方塊，蓋面微凸，四邊微坡，蓋盒銜接處嵌有銀絲回紋口沿。蓋面以鑲嵌的方法，嵌有番人進寶圖。人物和巨象均由螺鈿雕刻，巨象躬背曲頸回首卷鼻而立，其後上一個隆眉、卷鬚的番人背扛長條番旗隨象前行，另一個身着甲冑、頭戴戎帽的番兵，站在象後背上，守護着一個五彩繽紛的聚寶盆。

此件作品刻工嵌做均十分精細嚴密，用料品種也較多，有螺鈿、青金石、瑪瑙、孔雀石、珊瑚、蜜蠟等。這些料是經過雕刻，分別組合在圖案的不同部位上，使人物神態、巨象的形狀以及其他裝飾，均被表現得細膩逼真，新穎獨特。盒中還有一檀香木鏤刻的屜板，香氣四溢，是放置書冊的拜盒。

一四四　紫檀百寶嵌三獅進寶圖長方盒　清早期

高八、長二九、寬二三・二釐米

故宮博物院藏

盒呈長方委角形，底足微凹，四壁光素，在銜接處嵌有銀絲回紋口延。盒面以螺鈿為主料，配以孔雀石、紅漆、染牙、瑪瑙等，組成三獅進寶圖。大獅威猛雄奇，小獅玲瓏活潑。在大獅背上，騎着一個頭戴角錐形帽的番人，身着戎裝，雙手托着一個彩色寶珠。

此盒圖案集中，不僅嵌刻精細、色彩明快，而且立體感強烈，精美的圖紋將盒具襯托的端莊穩重，是清代初期百寶嵌工藝中的精品。

一四五　紫檀百寶嵌狩獵圖長方盒　清早期

高八・八、長二六、寬一六釐米

故宮博物院藏

紫檀木製，長方形，分盒與盒體兩部分。盒中有屜以盛裝書冊之用。蓋面採用百寶鑲嵌技法，以玳瑁、螺鈿、瑪瑙、松石、大漆等原料，淺浮雕嵌刻狩獵人物圖。圖中戎裝的四位騎手，頭戴番帽，腳蹬馬靴，身着大襟長袍，一位揮鞭、一位投標槍、一位托鷹、一位舉弓搭箭，強悍勇猛地追擊着前循的野獸和小鹿，人健馬壯。精緻的設計，精美流暢的圖案，將滿人的遊獵習俗精巧靈活的表現出來，是清代初期百寶嵌藝術中的佳作。

一四六　紫檀百寶嵌狩獵圖長方盒　清早期

高一〇・二、長六・八、寬一六・八釐米

故宮博物院藏

紫檀木製，長方形，分盒與盒體兩部分。盒中有屜以盛裝書冊之用。蓋面以玳瑁、螺鈿、瑪瑙、松石、大漆等原料，雕嵌狩獵人物圖。圖中戎裝的六位騎手，頭戴番帽，腳蹬馬靴，身着大襟長袍，或持棍拿槍，或舉弓搭箭，勇猛地追擊前循的野兔、小鹿和雲間的蘆雁。場面熱烈、緊張、壯觀。

一四七　**紫檀百寶嵌進寶圖圓盒**　清中期

直徑二〇釐米

故宮博物院藏

紫檀木製，圓形如扁鼓。盒面及邊壁均用銀絲嵌有細密的回紋及朵花紋。在盒面正中嵌有一頭白象，象身披花鞍褥，馱一碩大寶盆，盆中放有博古飾件。以螺鈿、孔雀石、珊瑚、寶石等為材料，將大象裝飾得非常華麗。做工規矩，鑲嵌技巧十分高超，是清代中期百寶嵌製作工藝中的精品。

一四八　**紫檀百寶嵌三星圖海棠式盒**　清中期

高九·七、長三五·五、寬二二·五釐米

故宮博物院藏

紫檀木製，蓋與盒底均製成委角海棠花式，下承海棠花式矮足。作者採用金銀錯、鑲嵌拚接等多種技巧，用黃、白色螺鈿及各種寶石將盒裝飾得異常精美富麗。在盒壁上，用黃色螺鈿刻成行龍，白色螺鈿刻成浮雲和火珠，雲飄龍遊，兩兩相對，爭相戲珠。在盒面上，嵌「福祿壽三星」圖。福祿雙星遙空相望，壽星乘鶴從雲間飛來。流雲飄渺，景致幽逸。盒內配裝五個錯金勾蓮花紋的銀製攢盤。

一四九　**紫檀百寶嵌三星圖海棠式盒**　清

高九·七、長三五·五、寬二二·五釐米

故宮博物院藏

紫檀木製，盒面上嵌「福祿壽三星」圖。題材與一四八圖相同，唯布局稍異。

一五〇　紫檀百寶嵌八仙圖海棠式盒　清

高九·七、長三五·五、寬二二·五釐米

故宮博物院藏

紫檀木製，蓋與盒底均製成委角海棠花式，下承海棠花式矮足。作者採用金銀錯、鑲嵌拚接等多種技巧，用黃、白色螺鈿及各種寶石將盒裝飾的異常精美富麗。在盒壁上，用黃色螺鈿刻成行龍，白色螺鈿刻成浮雲和火珠，雲飄龍遊，兩兩相對，爭相戲珠。在盒面上，嵌「八仙祝壽」圖。八仙各持法器，兩兩相對，相互寒暄。人物精細，景致疏朗。盒內配裝五個錯金勾蓮花紋的銀製攢盤。

一五一　紫檀百寶嵌三星圖方盒　清中期

高七·二、邊長一二·六釐米

故宮博物院藏

盒呈深褐色，正方形。盒分蓋和底兩部分，下承四垂雲靄足。盒四邊有銅框，盒壁以玉石、瑪瑙、珊瑚和蜜蠟為原料，鑲嵌成桃、菊、石榴等四季花卉。蓋面以象牙、螺鈿、松石、青金石、珊瑚等嵌福、祿、壽三星圖。盒體製作及鑲嵌均十分精緻，人物表情逼真，立體感極強，且色彩豐富，是清代中期百寶嵌中的佳作。

一五二　紫檀百寶嵌雲龍紋圓盒　清中期

高六·二、徑一四·四釐米

故宮博物院藏

扁圓，平頂，斂腹，圈足，近於蓮蓬式。蓋盒子母口相合，卷唇成突弦紋。蓋面開光內以螺鈿、染牙、琥珀等鑲嵌正龍戲珠紋，其上又施以細密雕刻，形象傳神，矯健靈動。附冊頁二，一為姚文田書「御題藏真集壽畫冊」，另一為周興岱書「御製端凝殿恭藏列祖御用朝珠記」，外題簽「訓闈祥珠」。　（劉岳）

一五三　紫檀百寶嵌三螭紋圓盒　清中期

高四·五、最大口徑八·六、最大底徑八·五釐米

故宮博物院藏

圓形，蓋頂弧突，斂腹，矮足。口沿及轉折邊緣均起線為飾，器壁較厚，磨工精緻，輪廓玲瓏乖巧中又不失敦厚大氣。蓋頂中央以螺鈿、染牙、琥珀嵌三螭紋團花，白、綠、紅三色在紫檀映襯下鮮明悅目，紋飾在節制中透露出古樸雅致的格調。

（劉岳）

一五四　紫檀百寶嵌束蓮紋圓盒　清中期

高四、徑二六釐米

故宮博物院藏

紫檀木製，圓形，盒從中分啟，口沿平凸，並嵌有回紋銀絲。盒面以染牙、白玉、珊瑚、螺鈿、孔雀石等為原料，嵌出蓮花等花卉。花卉用彩帶束紮，使花束集中在圓盒中央，在色如蒸栗的紫檀盒上，顯得花色豔麗，花紋緊湊。是木器中拜匣的一種。

一五五　紫檀百寶嵌天竺水仙紋方盒　清中期

高八、邊長一七釐米

故宮博物院藏

紫檀木製，四方委角形，下承方弦紋足。凸面，委角處有凹槽，盒面以碧玉、青玉、象牙、珊瑚雕刻出花形，鑲嵌出天竺、水仙紋飾，寓「群仙祝壽」之意。此盒做工規矩，圖案佈局簡練，畫面雅潔，刻工和鑲嵌技巧均十分精湛，是清代禮品拜匣中的精作。

一五六　紫檀百寶嵌天竺水仙紋方盒　清中期

高七·五、邊長一九·七釐米

故宮博物院藏

紫檀木製，四方委角形，下承方形弦紋足，凸面，委角處有凹槽。盒面以碧玉、青玉、象牙、珊瑚雕刻鑲嵌出天竺、水仙，寓「群仙祝壽」之意。

一五七　紫檀百寶嵌貓蝶紋長方盒　清中期

高六·三、長一八·一、寬一四·八釐米

故宮博物院藏

紫檀木製，長方形，凸沿，凹底圈足，盒壁光素，呈深褐色。盒面嵌黃楊木邊框，框內以青玉、染牙、松石、螺鈿為料，嵌有耄耋圖。圖中青玉壽石或豎或橫，錯置有序，一隻神情專注的白貓蹲伏在橫石之上，正在注視着上方飛舞的蝴蝶；壽石上下還有翠竹、秋菊點綴，圖案清雅端秀，情趣盎然。寓「耄耋長壽」之意。

一五八　紫檀百寶嵌雙鶴紋長方盒　清中期

高四、長二六、寬一八釐米

故宮博物院藏

紫檀木製，長方委角，口沿凸邊，下有長方圈足。盒面坡起，正中有長方條框，框內用孔雀石、螺鈿、玉石、瑪瑙等嵌出松鶴常青圖。蒼松沿框邊聳立，樹下凸石、花草點綴，白羽黑頸雙鶴仰頭相對而立。圖案佈局豐滿，色彩淡雅，松樹、仙鶴雕刻鑲嵌生動逼真。

一五九　紫檀百寶嵌桃菊紋委角方盒　清中期

高五・六、邊長二〇・七釐米

故宮博物院藏

四出菱花式，為方形，每一角及每一邊之中點挖下半弧，器形規矩中不乏新意。四足，蓋身子母口相合。盒內有臥囊，為儲冊頁之用。蓋面以玉石、染牙、珊瑚等鑲嵌陽文桃枝、菊花為飾，既美觀大方又富於吉祥含義。

（劉岳）

一六〇　紫檀百寶嵌福壽紋長方盒　清中期

高七・五、長二八・七、寬二二釐米

故宮博物院藏

紫檀木製，長方形，分蓋盒兩部分。底有長方凹弦紋足，盒面邊有陰線獸面口緣，正中嵌碧玉浪花紋璧，璧周圍嵌有螺鈿盤長及八隻蝙蝠。蝙蝠口中各銜花枝、佛手、石榴、壽桃等，寓「多福多壽」之意。

這件盒體製作精緻有矩，圖案佈局嚴謹，刻工與鑲接技巧精湛，紋飾細雅，是鑲嵌藝術之中的精作。

一六一　紫檀嵌玉螺鈿圓盒　清中期

高八・二、徑二〇・三釐米

故宮博物院藏

圓形，扁體，折腹，圈足，足緣微侈。蓋盒子母口相合，口唇略突。蓋頂二層臺式，中央鑲嵌圓形鏤雕龍穿花紋玉飾，形體碩大，層次豐富，製作精美，是此盒的工藝重心所在。其外浮雕水浪紋一周，上以螺鈿嵌出珊瑚、犀角、金錢、珠寶、書函、畫卷等雜寶紋。

（劉岳）

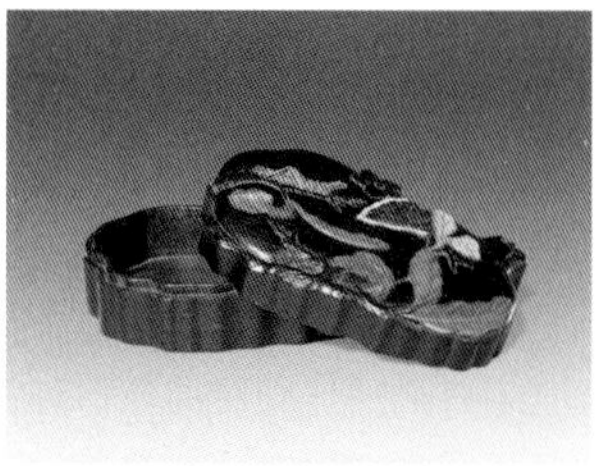

一六二　紫檀百寶嵌如意紋長方盒　清中期

高八、長二一、寬一五釐米

故宮博物院藏

紫檀木製，長方形，平底，底足內凹，盒的蓋面以青金石、螺鈿、染牙、朱漆等為原料，嵌有盤長、索花如意紋。寓「萬代如意」之意。

盒的色澤呈蒸栗色，做工規整，紋飾疏朗精湛，寓意深遠，是清代中期百寶嵌工藝中的佳作。

一六三　紫檀百寶嵌委角方盒　清中期

高八·三、長一九·三、寬二〇·四釐米

故宮博物院藏

盒呈委角四方形，凸沿，凹底圈足，盒壁光素，蓋面中平邊坡，正中嵌有一塊浮雕水波游魚紋玉佩，五條遊魚相互追戲，水浪翻湧，變化有致。玉佩四邊，壽山石、染牙、螺鈿、玳瑁刻成的夔龍兩兩相對，夔龍之間嵌有四片鏤空鍍金的團壽字。夔龍口銜靈芝，蕃枝繞身，如同穿花彩帶，紋飾組合嚴謹，主體突出，使盒體更顯精美富麗。

一六四　紫檀百寶嵌石榴式盒　清中期

高四、長一四、寬七釐米

故宮博物院藏

紫檀木製，色如蒸栗，造型如雙蒂石榴。盒從中分啟，並有彎曲子母口銜接蓋盒。盒面以染牙、瑪瑙、彩石等為材料，嵌出石榴枝葉及笑口子實。盒面做工精緻，色彩明豔，浮雕與鑲嵌工藝結合，使石榴盒顯得分外嬌俏。是清代中期小鑲嵌木作中的佳品。

一六五　紫檀百寶嵌福壽桃式盒　清中期

高三・九、最大口徑一二釐米

故宮博物院藏

紫檀木製，色如蒸栗，蟠桃式。盒體從中分啟，盒壁光素，蓋面為雙桃形，採用百寶嵌技法，以染牙、玉石、螺鈿、珊瑚、青金石為原料浮雕嵌刻蟠桃、蝙蝠，以寓「福壽」之意。在木雕鑲嵌盒具之中，這種以瓜果形狀為題材製作的小巧器物十分眾多，經常出現的有桃、柿、南瓜、葫蘆、佛手等，無論是雕刻或是鑲嵌均非常精巧雅致。這種小盒通常是盛裝古玉文玩之用，也有的是作為粉盒，是多寶格中清雅把玩之物。

一六六　紫檀百寶嵌鳳鳥紋葵花式盒　清中期

高七・五、口徑二一・五釐米

故宮博物院藏

紫檀木製，葵花形及圈足。蓋面以青玉嵌出葵花形開光圈，開光內以青玉、白玉、青金石、珊瑚、瑪瑙為料，嵌刻出鳳鳥圖案，大鳳在中、五隻小鳳繞大鳳展翔，圖案色彩艷麗，紋飾規整，使整個盒益顯得雍容富麗。

一六七　紫檀百寶嵌松蝠紋桃式盒　清中期

高八・五、最大口徑二九・八釐米

故宮博物院藏

扁體，略近橢圓，竹節式，節痕宛然，蓋面及底足作膈膜狀，環邊突起一周，簡練而形象，且於外壁淺浮雕竹枝、竹葉為飾。但其俯視又似雙桃相並形，這種你中有我、即此即彼的設計，既使器形不落俗套，又強化了吉祥寓意。蓋頂則以玉石、碧璽、青金石、染牙、珊瑚等鑲嵌松、蝠、花卉為飾，亦精美可喜。

（劉岳）

一六八　紫檀百寶嵌玉雕嬰戲圖葵花式盒　清中期

高七．五、徑二一．五釐米

紫檀作葵花式盒。蓋面用玉石隨盒體嵌葵花形，其內用玉石、松石、青金石、碧璽等做嬰戲圖。共有童子九人，作放風箏、玩木偶、騎木馬、敲鼓鳴鑼、擎荷葉等情景，形式多樣，造型活潑可愛。盒內盛各色顏料十種。

（張林傑）

一六九　紫檀百寶嵌靈芝紋葵花式盒　清中期

高七．五、口徑二一．五釐米

故宮博物院藏

紫檀木製，葵花形及圈足。盒壁光素，蓋面以青玉嵌出葵花形開光圈，開光內以青玉、白玉、孔雀石、瑪瑙、珊瑚為料，嵌刻出數株大莖靈芝。芝朵繁茂，莖、葉緊蔟，色彩繽紛亮麗，顯得十分雍容富麗。

一七〇　紫檀百寶嵌太獅少獅紋葵花式盒　清中期

高七．五、口徑二一．五釐米

故宮博物院藏

紫檀木製，葵花形及圈足。盒壁光素，蓋面嵌有太獅、少獅圖。大獅一隻，小獅八隻，均是由青金石、孔雀石、松石、金星石、白玉刻成，寓「九世同居」之意。大獅威武雄壯，小獅活潑玲瓏，獅子的雙眼用黑石嵌成，更有畫龍點睛之筆。

盒中放有絹貼的格盤，格盤中圓，呈放射狀，圍有九格。圓格中盛放飾壽桃花枝紋香料餅；九格中分裝赤、橙、黃、綠、青、藍（深藍、淺藍、湖藍）紫九塊香餅，香餅上分別飾繡球、水仙、海棠、竹、桃、梅、木芙蓉等花卉圖案。香餅是用枷楠香木製成的香料，顏色豐富，圖案精美，是放入荷包中隨身佩帶之物。

盒造型精美細緻，口沿銜接纖巧嚴密，是宮中盛放香料的禮盒。

一七一　**紫檀百寶嵌百獸圖長方盒**　清中期

高三一、長三五、寬六釐米

故宮博物院藏

紫檀木製，由蓋、盒、底三部分組成。作者採用金銀錯、鑲嵌拚接等多種技巧，用金銀絲將盒的口沿嵌成回字錦紋，並用五彩螺鈿、蜜蠟、壽山石、白玉、瑪瑙、松石、青金石、孔雀石、玳瑁等材料，將盒蓋面和盒二三層的四壁，全部點綴成山水、林石、百獸圖。其間山巒層疊，猴、虎、豹、熊、鹿、馬、羊、豬、狗、牛、麒麟、異獸等，跳躍於山石之間。盒上嵌獸百隻，寓「百壽」之意。

此件作品，是皇宮壽誕盛裝糕點的御用食盒，工精紋細，選料華美，山峰、樹石、異獸均刻畫得細微精妙，生動逼真，加之各種彩石的點綴，更顯得精美富麗。

一七二　**紫檀鑲嵌文具匣**　清中期

高三四·五、長三〇·五、寬二二釐米

故宮博物院藏

方形，如龕式，又似微縮建築。中間儲物匣部分設對開門，其外鑲嵌鏤空玉飾，成隔扇狀，背部鑲嵌同樣玉飾。側面鑲嵌透明玻璃，彩繪瓜蝶紋。其上一層似盤式，出擔部分鏤雕覆蓮瓣紋，邊緣鏤雕如欄杆，鑲銅飾為望柱。內置書式盒與卷軸式盒，分別鑲嵌竹絲及象牙模擬書口和卷軸側面的紙痕，是當時常見的表現手法。底座束腰，雲形足，同樣鏤雕欄杆，並嵌飾染牙，以為呼應。此作綜合多種材質與工藝，代表了清中期木雕文房用具所達到的製作水準，顯示出較為典型的宮廷化審美傾向。留有黃條，上墨書：「清嘉慶二十一年十二月十九日奏事首領曹進喜交。」

（劉岳）

一七三　紫檀百寶嵌三多紋書式匣　清中期

高二五、長三四、寬一九．八釐米

故宮博物院藏

紫檀木製，盒蓋兩側呈線裝書形，盒內有文具架。作者採用浮刻鑲嵌技法，以白玉、瑪瑙、珊瑚、染牙等材料，刻成花果枝葉。盒的蓋面和正、背兩面，組成「三多」圖案，寓意「多福、多子、多壽」。下配紫檀鏤花桌榻式木座。是清代中期時鑲嵌工藝中的精品。

一七四　紅木百寶嵌竹石葫蘆紋長方盒　清

高八、長二八、寬一九釐米

故宮博物院藏

紅木製，棕紅色，為盛裝書冊的盒具。盒分蓋、屜、盒三部分，平底，微內凹。盒面以瑪瑙、青金石、染牙、壽山石等為原料，嵌出壽石、葫蘆枝藤、竹枝等。畫面寓「福壽綿長」之意。紋飾色彩豔麗，嵌工精緻，為清代中期百寶嵌工藝中的佳作。

一七五　紫檀百寶嵌竹林飼雞圖長方盒　清晚期

高一一．三、口長二七．五、寬一八、底長二六．八、寬一六．九釐米

故宮博物院藏

長方形，下腹近底部微斂，扁平帶狀足。蓋盒子母口相合，內置屜板。蓋面微弧，以壽山石、玉及染牙等鑲嵌雄雞及雛雞五，似為傳統吉祥圖案「五子登科」。點綴叢竹、花卉。圖左上以螺鈿嵌陽文題銘：「榮春錦籜，棼尾新篁」，末署「御題」及「乾」、「隆」二印。盒壁以薄螺鈿嵌變體夔龍紋為飾。是清代晚期仿製。

（劉岳）

一七六　檀香木嵌螺鈿海屋添籌圖圓盒　清中期

高四・八、盒徑二二・七釐米

故宮博物院藏

檀香木製，圓形，盒從下開啟，內口凸起，與盒蓋壁重疊。盒內放有「大全賡福」冊頁。蓋壁採用鑲嵌技法，以螺鈿為主材，飾有如意紋框，框內嵌有楷書「海屋添籌」等字。盒面景物與題名相符，嵌有海屋添籌圖景。海水澎湃，白浪翻湧，上方一簇祥雲，雲稍向下彎垂，仿佛從海中生起。雲中隱現一幢樓閣，一隻黑頸白鶴向樓前飛來。

用「海屋添籌」為題材製作工藝品，一般都表示「添壽」。此盒內裝有「大全賡福」冊頁，便有頌祝壽辰之意。同時此盒用名貴的檀香木為壁，再用螺鈿、瑪瑙、蜜蠟、珊瑚等材料嵌出精美吉祥圖紋，更顯得雍容華貴。

一七七　樺木百寶嵌花鳥長方盒　明

高九・五、長二一・三、寬一二・二釐米

故宮博物院藏

樺木製，棕色，長方委角形，底足內凹，嵌銀絲回紋口沿，是盛放書冊的盒具。盒壁光素，蓋面以螺鈿、松石、染牙等為料，嵌有牡丹、綬帶鳥、月季等花鳥圖紋，寓「富貴、平安、長壽」。圖案色彩明快，搭配得當，是明代晚期百寶嵌製品種的傑作。

一七八　樺木百寶嵌花鳥紋盒　清早期

高九・五、長二一・三、寬一二・二釐米

故宮博物院藏

樺木製，長方委角形，嵌銀絲回紋口沿，盒中有屜，以盛放書冊。盒壁和盒面以青金石、金星石、螺鈿、芙蓉石、松石、孔雀石、蜜蠟等為料，分別嵌有枇杷、玉蘭、牡丹、壽石、綬帶鳥、海棠、野菊、彩蝶等花鳥圖紋，鳥豔花麗，色彩明快，絢麗多彩，是清代初期鑲嵌製品種的傑作。

一七九　烏木嵌螺鈿雙螭紋小盒　清

高三·八、口徑六·一釐米

故宮博物院藏

盒圓體，蓋頂微弧凸，斂腹，圈足，如蓮蓬式。蓋盒子母口相合，口唇上下各出線紋一周。蓋面鑲嵌螺鈿雙螭，呈首尾相環狀，中間以珊瑚鑲嵌一小圓珠，於木之黑與螺鈿之白的對比間突出一點點紅，成為整個裝飾的點睛之處。此盒形體甚小，而工藝精湛，紋飾得體，顯出一派古雅沉着的氣派。（劉岳）

一八〇　紫檀百寶嵌梅花紋筆筒　明

高一四、口邊長一一、底邊長一〇·九釐米

故宮博物院藏

方形，委角，四矮足。一面以染牙、珊瑚及深色木料等鑲嵌，梅樹夭矯，梅花朵朵。相對一面嵌銀絲篆書詩句：「玉質含清瘦，冰姿帶雪看，素妝香燭暗，月色映霜寒」。並「雪居」二字款。按雪居，即孫克弘（一五三三（一作一五三二）—一六一一），松江（今屬上海）人，官至漢陽知府。擅書畫，又能以金銀絲鑲嵌於紫檀筆筒、界方、香盤、硯匣及銅鐵金屬器物上，作回紋香草邊，中有八分小篆銘贊，工致古雅，時稱「宋嵌」。（劉岳）

一八一　紅木百寶嵌雙雞圖筆筒　清早期

高一四·五、口徑一三·七、底徑一二·七釐米

故宮博物院藏

圓體，口部微微開敞，口沿轉折過渡圓潤，器物磨工上佳。外壁以螺鈿、染牙、珊瑚及多種彩石鑲嵌雌雄雙雞悠遊覓食，並點綴花果湖石。其場景及動態刻畫傳神，但點景與主體之間比例有不盡合常態之處，反而增添了些許圖案化的稚拙之趣。

（劉岳）

一八二　紫檀百寶嵌人物圖筆筒　清早期

高一三·九、口徑一二·二釐米

故宮博物院藏

這件紫檀筆筒，凹形口沿，圈紋底鑲有紅木三矮足，通體深褐色，瑩澤光亮，作者以「羲之愛鵝」為題材，採用鑲嵌技法，在紫檀木筆筒的局部地方，用五彩螺鈿、黃楊木、染牙、蜜蠟等為材料，嵌成一幅簡練精美的畫面。人物刻畫細膩入微，神態逼真，鬚毫畢現。加之螺鈿、蜜蠟、染牙等色彩相襯，使整個畫面顯得十分端莊典雅，筆墨情韻極濃。是清代康熙時期紫檀百寶嵌藝術中的精品。

一八三　紫檀百寶嵌「天府雅製」方筆筒　清早期

高一六·三、口徑一二·九釐米

故宮博物院藏

筆筒深褐色，呈委角方形，下承四方矮足。平口沿處嵌有金絲雙首夔龍一周，工整平滑，絲細紋秀，清雅耐觀。方形的筒壁上，四面以松石、瑪瑙、珊瑚、蜜蠟、椰殼、螺鈿等為原料，採用鑲嵌工藝，分別嵌有枸杞、秋蟲、蜻蜓圖；葡萄、秋菊、壽石、蟈蟈圖；蓼草、枸杞、青蛙、蜜蜂圖及錦花、秋菊、蟈蟈、彩蝶圖。

四幅圖案均以長壽延年為題材，構圖雖異，寓意相同，圖案中色澤以濃綠為主調，顯得渾厚莊重，花卉、果實、昆蟲，紋飾表現的細緻逼真，情趣盎然，是清代早期百寶嵌工藝中的雅作。

一八四　紫檀百寶嵌花鳥紋筆筒　清中期

高一三・一、口徑一〇・二、底徑九・五釐米

故宮博物院藏

紫檀木製，筒形，色如蒸栗。筒壁以染牙、螺鈿、孔雀石、瑪瑙、椰木等為料嵌成翠竹、梅花、綬帶鳥圖案，寓「齊眉祝壽」之意。圖案只占筒壁局部一部分，盤曲的虬枝古杆，老梅繁花怒放，三莖翠竹繞樹挺生，一對綬帶鳥相伴棲立在枝頭，對花而視。明豔的原料細膩的組合鑲嵌在色彩深沉的紫檀木上，使圖案十分清晰明快，美不勝收，尤似一幅精妙的工筆劃。是清代中期鑲嵌工藝中的精品。

一八五　紫檀百寶嵌花卉紋筆筒　清乾隆

高一三・六、口徑一〇・八釐米

故宮博物院藏

筆筒呈筒形，下承四矮足，在光素的筒壁局部採用鑲嵌技法，嵌有繡球、藤蘿、山茶、秋菊、枸杞等花卉，花團緊簇，色澤明豔。螺鈿繡球、紫晶藤蘿、瑪瑙茶花，珊瑚枸杞、蜜蠟秋菊，配上染牙葉，使圖案顯得十分嬌豔美麗。而且花團與枝葉掩映托襯，佈局章法極佳，清雅脱俗。並且喻「天光長在」，寓意吉祥，實為清代中期的清雅之作。

一八六　紫檀百寶嵌花卉紋筆筒　清

高一一．二、口徑六．七、底徑六．二釐米

故宮博物院藏

圓體，筒式，圈足，口部略敞，邊沿圓轉，不見棱角。外壁以螺鈿、碧璽、翡翠、染牙、珊瑚等多種材料鑲嵌芍藥、靈芝等，並點綴湖石，為木雕百寶嵌文具中小巧精工之作。

（劉岳）

一八七　紫檀嵌螺鈿梅竹紋筆筒　清

高一一．二、徑六．六釐米

故宮博物院藏

圓體，三矮足，口邊圓轉無棱，器形修短合宜。外壁以螺鈿、染牙、沉香木等材料鑲嵌梅竹紋飾，褐色石為梅樹，曲折凹凸如天然老幹，花朵或開或闔，或正或側，有疊壓有避讓，絕無平板之病，兼且色彩鮮明，很好地顯示出百寶嵌工藝之美。

（劉岳）

一八八　紫檀嵌染牙玉石三友紋筆筒　清

高二〇、口徑一五釐米

故宮博物院藏

紫檀木雕成樹樁形，隨形口，器型較厚，入手較沉重。通體高浮雕松梅樹幹，紋理蜿蜒屈曲，樱結凹凸，且用白玉、染牙雕成梅花和松葉，嵌於筒壁之上，沉穩的器型主次分明，更顯示出「歲寒三友」筆筒流暢的花紋，清雅精美。

一八九　紫檀百寶嵌花鳥紋六方筆筒　清

高一五·三、口邊長七·二、底邊長七·〇釐米

故宮博物院藏

筆筒六方形，委角，六矮足，形制簡潔。筒壁三面以螺鈿、瑪瑙、孔雀石、染牙等鑲嵌花卉、竹枝、飛鳥、草蟲等畫面，另三面陰刻嵌銀絲篆書詩句，並「天府」、「珍玩」二印。鑲嵌精美、格調雅致，為文房器具中的精品。（劉岳）

一九〇　紫檀嵌玉鑲銀絲四方折角筆筒　清

高二一、邊長一六·五釐米

故宮博物院藏

筆筒為四方折角式，四面各嵌鏤空長方玉板一片，玉板週邊作淺浮雕夔紋裝飾。作品製作考究，有古韻，可謂文房中的佳品。（張林傑）

一九一　紅木嵌玉方筆筒　清

高一四·三、邊長九·六釐米

故宮博物院藏

筆筒為方形，四面均作上圓下方鑲嵌，上嵌蠶紋玉璧，璧心分別用銀絲作篆書「乾隆御用」四字；下嵌方形玉板，內作圓形開光，雕人物故事。（張林傑）

一九二　紫檀嵌料花方筆筒　清

高一〇、口邊長五釐米

故宮博物院藏

方形，委角，四足。口部略開敞。器形端莊大方，線條恰到好處，有增則肥減則瘦之感。筒壁一側以料石、染牙等鑲嵌折枝花朵，簡潔明確，而經紫檀襯托，反平添一層嫵媚。（劉岳）

一九三　紫檀嵌玉鑲銀絲八角筆筒　清

高一一．二、口徑八．四釐米

故宮博物院藏

筆筒紫檀嵌銀絲製，八角式，上嵌鏤雕花卉玉板及各式光素玉板。工藝精湛，用料考究，堪稱御用文玩中的精品之作。

（張林傑）

一九四　黃楊木百寶嵌花卉紋筆筒　清

高八．七、口徑四．八、底徑四．五釐米

故宮博物院藏

筒式，卷唇，三矮足，外壁以螺鈿、蜜蠟、青金石、孔雀石等鑲嵌玉蘭、牡丹、枸杞、湖石等庭園小景。器體雖小，而紋飾較滿，不失精緻大方。

（劉岳）

一九五　紫檀嵌竹雕博古山水雙連盒　清中期

高六、口長一一．四、寬一〇釐米

故宮博物院藏

方體，作二長方小盒相聯式，設計精巧。蓋、盒子母口相合，上下口唇各凸出一周，底足扁平帶狀，足緣微侈。蓋頂嵌二竹片，以留青陽文工藝為飾，一片為山水樓閣人物，一片為古瓶中插松竹梅「三友」，旁陳折枝菊花、石榴、柿子，均含吉祥寓意，構圖則似流行的歲朝清供圖案。木製盒具中嵌飾竹片者並不多，而工藝如斯之精者更屬罕見。

（劉岳）

一九六　紫檀雕勾雲紋嵌瓷方勝式攢盒　清

高一五・五、口最長三一、最寬二一釐米

故宮博物院藏

大盒方勝式，兩層，盒邊飾陽文仿古紋飾，近於玉器中的小勾雲紋。內置小方盒七個，蓋面均嵌陰刻填金山水紋瓷片。底座有束腰並三彎腿，外翻蹄足及牙邊裝飾均以如意雲紋為主題。此類嵌瓷作品傳世較少，而子母盒式樣者更為罕見。（劉岳）

一九七　紫檀嵌瓷山水盒　清

高九・四、口長一五・七、寬一三・四釐米

故宮博物院藏

長方形、委角、四矮足。蓋盒子母口相合。蓋面弧凸，鑲嵌銅鍍金邊刻山水紋瓷片，紋飾細密，填以金色，饒有畫意。蓋壁及盒壁四面亦嵌瓷為飾。內置屜板挖出凹槽，原儲玉飾件。同類作品流傳較少，值得珍視。（劉岳）

一九八　紫檀嵌琺瑯雙連盒　清

長二四、寬一四・五、高六・八釐米

故宮博物院藏

盒為雙連式，設計巧妙，獨具匠心。其通體光素，色澤較凝重，蓋面鑲嵌鮮明亮麗琺瑯為飾，搭配自然和諧，體現了皇家御用品的華貴風格。（張林傑）

一九九　紫檀雕寶相花紋嵌玉冠架　清

高二七・八釐米

故宮博物院藏

冠架分為三層。圓螺形紫檀木底座，座上隱起刻陽文夔龍紋。座中光素木柱上嵌白玉柄，玉上淺雕勾蓮、螭獸紋。傘為扁圓盒形，通體鏤空纏枝寶相花紋。傘盒可從中開啟，盒中可盛放香料。冠架製作精細規矩，雕刻細緻，是清代陳設實用之品。

二〇〇　紫檀嵌文竹勾蓮紋冠架　清

高二五釐米

故宮博物院藏

冠架以嵌玉鼓形座為基座，鼓腹嵌五塊海棠形白玉片，鼓座面嵌拐子形和夔龍紋金銀玉片。中為青玉柱，玉柱如紡錘。傘為扁圓盒形，上蓋和下體分別有五個開光，開光框內嵌鏤雕勾蓮紋文竹片，盒頂正中嵌鏤雕夔龍紋玉片。傘盒內可盛裝香料，作薰帽之用。

此冠架做工精緻，色澤褐、黃、青相間，古色古香，雅致渾樸，為清代中期使用和陳設兩用之器。

二〇一　紫檀嵌黃楊木冠架　清

高三〇釐米

故宮博物院藏

冠架以紫檀木雕花心形圓座為基座，基座下承如意形足。光素圓木柱，柱上端有一個鏤空鼓形球，可以上下活動。冠架由六片寬一・五釐米、厚〇・八釐米的黃楊木製成瓜棱形狀，每片傘架上微刻雙勾如意及卷草葉紋。冠架下為栗色，上為黃色，座較沉穩，冠傘輕盈，設計巧妙精美，造型清雅。為清代中期小木器作的精品。

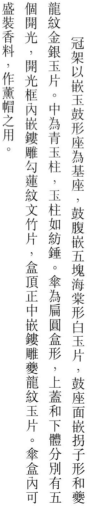

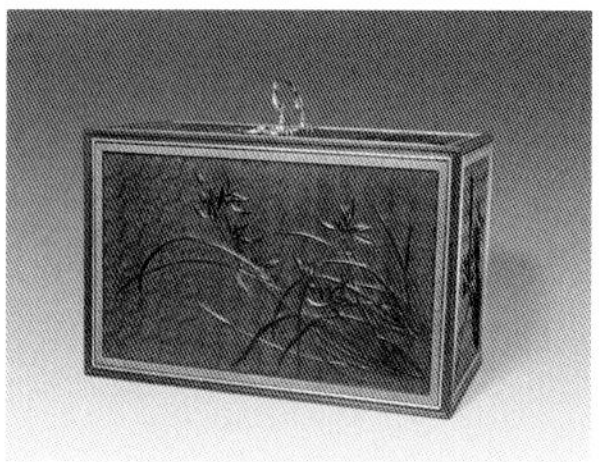

二〇二　雞翅木嵌紫檀蘭花紋提梁文具匣　清

高二六・二、長四〇、寬二二釐米

故宮博物院藏

長方形，四面及匣頂陰刻錦地紋，其上鑲嵌紫檀木蘭花為飾，雕嵌皆精，饒有畫意，用色深沉，格調高雅，並配銅鍍金邊框及金漆回紋裝飾帶，以增加視覺亮點。蓋頂置銅鍍金如意形提手。匣內設大小抽屜，可以儲物。

（劉岳）

二〇三　紫檀嵌銀夔紋長方匣　清

高七・五、口長二六・八、寬一八釐米

故宮博物院藏

匣長方形，天覆地式，四矮足。蓋面正中嵌銀十字形花一朵，其餘部分及立牆嵌銀變體夔紋，尾如卷草纏連，極富裝飾性。紋飾以縱向中線為軸左右對稱，於繁複中不失規矩。匣內邊鏤空，雕刻精美。此匣為宮廷中盛裝冊頁之器具。

（劉岳）

二〇四　紫檀嵌銀葵花式盒　清

高八・一、最大口徑二三・九釐米

故宮博物院藏

近扁圓，略呈六瓣花式，瓣間凸起波曲筋線，延至盒側壁，勾勒出花瓣形狀，線兩側打凹槽，凹凸過渡自然，磨工細膩。花心嵌銀片，裝飾亦以花朵為題。筋線上也嵌銀絲，呈放射狀，十分優美。蓋與盒裝飾手法相同，底心同樣嵌飾花形銀片，並起筋線。在側壁以口邊為界，形成上下對稱佈局，頗具匠意。盒內依瓣形分作六格，中間花心處如蓋面樣嵌銀花片，每一格內有圓形基座，原為存放玉飾之用，其上又置屜板，儲「占律歸誠」冊頁一，內為王傑書《御製雲貴總督富綱奏報緬甸稱臣進貢詩以志事》，前後分別鈐蓋「五福五代堂古稀天子寶」及「避暑山莊」印。

（劉岳）

二〇五　紫檀嵌琺瑯鑲玉十二辰菱花式盒　清

高一四、徑四一釐米

故宮博物院藏

盒做菱花式，蓋面嵌菱花式琺瑯片，外環作八卦及六十甲子，內部嵌白玉十二辰及磬、魚等八寶，蓋體作陰線刻夔龍紋，並填金。

整體看來，此盒做工精美，富麗堂皇，應是皇家御用之物。（張林傑）

二〇六　紫檀嵌琺瑯雲頭紋墨床　清早期

高四、長一一·五、寬六·五釐米

故宮博物院藏

仿几案式樣，結構亦合規矩，板足內卷成回形卷書式，然四角置四足，卷書間加羅鍋棖，又頗具變化。面板上嵌入兩塊掐絲琺瑯雲頭飾片，與深沉之木色恰成映襯。器物形體雖小，卻大方典雅，為文房用具中的精品。（劉岳）

二〇七　紫檀嵌玉鎮紙　清乾隆

高三、長二四·七、寬三·二釐米

故宮博物院藏

長形，扁體，上嵌白玉三塊，均略呈半爿圓柱形，整體如一「凸」字形。側邊一周鑲嵌銀絲仿古紋飾，以獸面及夔紋為主。底面嵌銀絲回紋一周，其內陰刻填金隸書「潤以剛直而方佐文房」，下填紅「乾」、「隆」二連珠印。

此器裝飾雖不複雜，但材質考究，製作精細，格調典雅，頗能顯示宮廷工藝中精華內蘊的一種審美品格。（劉岳）

二〇八　紫檀嵌銀絲橢圓獸面紋圓盤　清乾隆

高二・六、最大口徑二一・二、最大底徑一八・八釐米

故宮博物院藏

盤橢圓形，撇口，圓腹、圈足，足邊翻卷，曲線玲瓏。口壁較厚而圓潤，內壁陰刻填銀絲為飾，盤心以獸面及夔紋為主體，盤邊則飾如意雲紋一周。鑲嵌銀絲勁挺而富彈性，平行線均勻自然，幾乎不見起翹剝脱之處，可見工藝之精。外壁光素，外底以銅絲鑲嵌重圈雙勾篆書「乾隆御用」款識。目前所知故宮所藏相類者還有三件，依紋飾看為兩對，但雙勾款者實獨此一件。

（劉岳）

二〇九　紫檀點翠座屏　清

高八一・六、寬六〇・七釐米

婺源博物館藏

座屏分為屏面、插座兩部分。屏面以黑毛絨襯底，用翠鳥羽毛、金銀、牙骨等原料分別構成「天雨花」、「秦月樓」兩個神話故事畫面，人物表情生動，色彩鮮艷富麗，層次分明，富有立體感。外圈紫檀框架，插座上浮雕圖案紋飾，精美繁縟。

二一〇　紫檀嵌銀絲葵瓣把鏡　清中期

長三二・一、寬一七・五、厚一・八釐米

故宮博物院藏

扁體，鏡框略呈六瓣葵形，鑲嵌銀絲為飾，中嵌入圓形玻璃鏡面，柄如花瓶剪影狀，相連部分雕作雙夔鳳穿花紋樣，十分精巧。通體鑲嵌銀絲為飾，配黃色絲穗及刺繡錦套。

（劉岳）

本書編輯拍攝工作，承蒙以下各單位
予以協助和支持，謹此致謝。

國家文物局
故宮博物院
中國國家博物館
上海博物館
河北省文物局
浙江省博物館
福建省博物院
湖北省博物館
重慶中國三峽博物館
南京博物院
婺源博物館
所有給予支持的單位和人士

本卷主編　劉　靜
責任編輯　段書安
　　　　　郭維富
封面設計　張希廣
攝　　影　胡　錘
　　　　　劉志崗
　　　　　孫之常
　　　　　劉小放
　　　　　鄭　華
圖版説明　劉　靜
責任印製　陸　聯
　　　　　張　麗

圖書在版編目（CIP）數據

中國竹木牙角器全集·木雕器·下／《中國竹木牙角器全集》編委會編.—北京：文物出版社，2009.10
（中國美術分類全集）
ISBN 978-7-5010-2824-5

Ⅰ.中…　Ⅱ.中…　Ⅲ.①雕刻—中國—古代—圖集 ②木雕—中國—古代—圖集 Ⅳ.K879.32

中國版本圖書館CIP數據核字（2009）第157251號

中國美術分類全集
中國竹木牙角器全集
第3卷　木雕器（下）
中國竹木牙角器全集編輯委員會　編
出版發行者　文物出版社
（北京東直門內北小街二號樓）
本卷主編　劉　靜
責任編輯　段書安　郭維富
製版者　北京文博利奧印刷有限公司
印刷者　文物出版社印刷廠
經銷者　新華書店
二〇〇九年一〇月第一版第一次印刷
書號　ISBN 978-7-5010-2824-5
印張　二二
定價　三四〇圓